나를 찾아 떠나는 선시 여행

나를 찾아 떠나는
선시 여행

제운 스님 글·그림

지혜의나무

서문(序文)

 선(禪)이란, 맑고 투명한 물과 같다. 어떻게 받아서 쓸 것인가? 하는 데서 선의 본질을 알 수 있다. 알 수 있다는 것은 곧 얻을 수 있다는 것이다. 이는 곧 깨달음으로 가는 길이라고 할 수 있지만, 한 발 더 나아가면 깨달음을 얻는 것이라고 해도 무방하다.

 본래 진리는 드러나지 않는다. 드러나지 않음은 투명한 빛과도 같으며, 투명해서 단박한 물맛과도 같다. 그러므로 선을 하되 선을 한다는 생각에서 벗어나야 하고, 벗어나되 그 자리에 돌아올 수 있어야 한다. 그것이 곧 선이면서 선(禪)은 시(詩)와 둘이 아님(詩禪不二)의 짝이 되며, 농사를 한다면 선농불이(禪農不二)요, 차를 즐긴다면 다선불이(茶禪不二)가 된다.

 선(禪)의 어원(語源) 'dhyana'를 더듬자면 인도의 명상(瞑想) 'meditation'이 중국으로 넘어와 중국적 명상, 선(禪)으로 한 걸음 더 나아간 것이다. 그래서 선이란 씀에 따라서 맛이 달라지니, 그것은 까다로운 중생계(衆生界)의 입맛을 맞출 수 있게 되는 것이다.

어떤 사람은 선을 하면서 선을 등지고 있는데, 선을 등지고 있다는 것은 선의 본질을 모르고 선의 외형에 치우치게 된다고 할 수 있다. 진정 선을 즐기는 사람은 외형의 선, 겉으로 드러나는 그런 모습들의 선, 여행을 따라 가지 않고 스스로 자기의 길을 만들어 나아간다고 할 수 있다.

그런가 하면 선만을 주창하는 환경 속에 머물지라도 속은 익지 않고 겉만 제 빛깔을 드러낸 수박과 같은 그런 선을 진정한 선인 줄 알고 착각에 빠져드는 경우가 있다. 이것은 본질은 잊은 채, 그저 시간을 허비하면서, "이것은 선이고, 저것은 선이 아니다." 외친다면 그것은 선이 아니라 스스로를 죽이는 것이다.

왜냐하면 선은 일상에서 나오는 것이지, 일상을 벗어나서 별도로 구하는 것이 아니기 때문이다. 좋은 예로 중국의 백장 선사는, "하루 일하지 않으면 하루 밥을 먹지 않겠다(一日不作 一日不食)."고 했다. 그의 그런 수행이 도업(道業)과 무관하다고 누가 말할 수 있겠는가?

그가 말하는 것은 사실 일상 속에 선을 강조한 것, 그보다는 선이라는 것은 어떤 특수한 부류나 가능한 것이 아니라, 일상 그대로 다 선이라는 것이다(行住坐臥 語默動定). 그래서 누구나 선을 할 수 있고, 따라서 오묘한 득력을 체득할 수 있다는 것이다.

무엇이 진정한 선인가? 선, 선을 말하면 구두선에 지나지 않는다. 바로 실행해야 참선이 된다. 참선(參禪)을 한다지만 선의 참맛을 모르면 술에 취한 생쥐가 술독에 빠져서 술에 흠뻑 취할 뿐이지, 스스로가 왜 이곳에 있을까 하는 것을 잊어버린 것과 같다고 할 수 있다.

이번에 출간된 이 책은 '시'를 통해 '선'을 이해하고 '선'을 통해 '시'를 이해하는 데 도움이 되고자 하는 생각에서 시작되었다. 가령, 선이라는 어느 고리에 머물지 않지만 그는 선을 행하고 있고, 선이라는 고리 안에 머물지만 진정 선을 모를 수 있다는 것이다. 지금으로부터 1600여 년 전, 중국 동진의 도연명(陶淵明. 365~427) 시인이 ≪귀거래사(歸去來辭)≫〈飮酒〉에서, "인가 근처 초막 짓고 사는데 / 수레 소리가 시끄럽지 않아. / 그대 묻노니, 어찌하여 그런가? / 마음이 속세로부터 멀어져서…말을 하려 해도 말을 잊었다네."라고 읊은 경우를 보면, 그는 비록 몸이 세속에 머물지라도 정신은 늘 선과 함께 한 것을 알 수 있다. 그의 선시는 오늘의 우리들에게 가히 충격으로 다가왔다. 일체의 번뇌를 떨친 선승들의 무위자락(無爲自樂)에서 나올 수 있음을 알 수 있다.

선자 화상(船子和尙)의, "낚싯줄을 멀리 드리웠다. / 한 물결 일어나니 만 물결이 따라 이네. / 고요한 밤, 물이 차서 고기는 물지 않고 / 허공 가득히 실은 배는 달이 밝아서야 돌아온다."는 이 선시야말로 '사람을 알기 위해 글이 도입되고, 글을 알리기 위해 사유(思惟)가 나온 것'과 같은 이치이다.

그래서 인간은 자기를 개발하고, 자기를 돌아보기 위해 선이라는 매개를 택하게 되었는지도 모른다. 그 까닭은 만물의 영장이라 불리는 인간이 중생계의 으뜸이지만, 늘 분별하기를 끊이지 않는다. 그것은 마치 마르지 않는 강물이 늘 흘러가듯, 그렇게 흘러 끊이지 않기에 분별과 망상으로부터 해방되고자 하는 마음이, 그 길(禪)로 가는 데 조금이나마 도움이 되고자 글을 쓰고, 그림을 그렸다.

야부 선사(冶父禪師)의 말대로, "마음에 사람을 대하되, 꺼림이 없다면, 얼굴에 부끄럼이 없다(心不負人 面無慙色)."라는 것 같았으면 하는 마음일 뿐이다. 그래서 지나친 내력이나 사적 배경 등에는 관심을 멀리 했음을 또한 밝혀 둔다.

경인년 하안거(夏安居), 용문산 용문사 설선당(說禪堂)에서
맑은 영계(靈溪)의 물소리 들으며 제운 쓰다

나를 찾아 떠나는
선시 여행

― 목차 ―

서문(序文) • 4

자락품(自樂品)

나를 바라보며 • 15

사마타(samatha) • 18

장좌(長坐) • 22

산에서 놀다(遊山) • 26

스승을 찾아서(尋隱者不遇) • 31

눈 내리는 강(江雪) • 35

전원으로 돌아오다 • 39

음주(飮酒) • 46

연못을 뚫은 달 • 51

가을 밤 • 55

5무(五無) • 59

물 흐르고 꽃이 피는 • 63

구름 걷힌 가을 하늘 • 68

관동행(關東行) • 72

고향 그리워 • 77

새 우는 산 개울 • 80

산중에 무엇이 있기에 • 84

정심품(淨心品)

문수보살 법문 • 91

처하는 곳에 주인이 되라 • 96

보고 보고(見見) • 100

주리면 먹고 곤하면 자라 • 104

외로이 배 위에서 사람을 기다리다 • 108

한도인(閑道人) • 121

너무도 분명한 것을 • 125

고뇌로부터 해방 • 129

알 것은 변천이니라 • 133

허공의 경계를 알까 • 137

미(迷)하면 모든 것이 경계가 된다 • 141

비로(毘盧) 정상을 향하리라 • 147

누가 극락을 묻나 • 150

한 생각을 놓다 • 154

금강산(金剛山) • 158

콧구멍 없는 소 • 163

회향품(廻向品)

되돌아보면 · 173

한때의 즐거움 · 177

우리들의 인간상(我等人像) · 181

행복하기 위하여 · 185

세월을 보다 · 189

걸림 없는 사람 · 193

하나를 취하기 위해 · 199

누가 승속(僧俗)을 묻나 · 203

평등한 성품 · 207

나는 누구인가 · 210

높고 험준한 경계에서 자신을 보라 · 214

노자의 가르침 · 218

부끄럼 · 222

머문 바 없는 마음을 내라 · 226

평상심이 도다 · 231

사계(四季) · 236

삶에 있어서 · 241

자락품(自樂品)

나를 바라보며

아유일시 我有一詩
아유일화 我有一畵

나에게는 한 수의 시가 있고
나에게는 한 장의 그림이 있어라.

사람에게는 누구나 스스로의 삶에 관한 시가 있다.
잠에서 깨어나 창문을 열며 내뱉는 한마디.
이것은 행복을 예고한 아름다운 시다.

사람에게는 누구나 행복에 관한 그림이 있다.
기다림을 향하여 그려보는 한 폭의 그림.
돌아봐도 이보다 더한 아름다운 그림이 있을까?

꿈이 있는 사람, 그는 시인이요 화가다.
그 꿈이 식지 않고 영원할 때
그의 삶도 행복도 영원할 것이다.

멀리 행복을 기다리다 지쳐 돌아온 뜻밖에
행복이 나에게도 가까이 다가섬을 알 수 있었다.

가깝고 가까운 그곳이 소중한 줄 알기까지는 먼 시간이 아니지만
우리들 인간이 소중한 것을, 그렇게 알 때면
이미 너무 많은 시간이 지나고 있다는 것이다.

우리들의 삶이란 언제나 먼 여행의 나그네,
먼 길 떠나는 나그네, 물 흐르듯 무심이라네.

알고 간다는 것이 실은 알지 못하고 간다.
그것을 알았을 때는 이미 목적지는 너무 멀어져 있다.
후회하면서 돌아서기에는 너무 슬퍼짐이 우리가 아니던가?

나를 바라보며…….

사마타(śamatha)

미운일작성공암 迷雲一作性空暗
혜일침휘경상미 慧日沈輝景像微
홀우청풍운산진 忽遇淸風雲散盡
공함중색영천지 空含衆色映天池

— 영가(永嘉)

혼미한 구름 한 번 일매 본성의 허공 어둡고
지혜의 햇빛 잠길 때 만상은 흐려진다.
홀연히 맑은 바람을 만나 구름 흩어지면
온갖 빛깔을 머금은 허공, 천지(天池)에 비추네.

번뇌를 혼미한 구름에 비유하고, 본성을 허공에 비유했다. 즉 한 번 번뇌가 일어나면 청정한 본래 마음이 어두워진다는 말이다. 혜일이란, 지혜를 태양에 비유한 것으로, 태양이 저녁에 서쪽으로 기울다가 넘어가면 아름답고 멋진 풍경이 흐려지다 점차 보이지 않음을 비유했다. 이것은 늘 떠 있어야 밝은 빛을 발할 수 있는 태양같이 우리의 지혜, 즉 정신이 깨어 있어야 함을 말한다.

그래야만 순간순간 번뇌가 일지라도 문득 맑은 바람이 불어와서 구름, 즉 번뇌를 떨칠 수 있고, 그렇게 되었을 때 온갖 빛깔을 머금은 허공이 하늘과 땅, 호수, 바다에 비칠 수 있다. 이 말을 달리 표현하면 금에 쌓인 흙과 티끌, 먼지를 다 떨쳐 냄으로 해서 온갖 종류의 가지가지 모양을 내어 금이 금다운 가치를 발하는 것과 같은 것이다.

이것은 ≪선종영가집서설(禪宗永嘉集序說)≫ 제4집의 〈사마타(奢摩他)〉에 대한 게송으로, 사마타란, '그친다, 쉬다, 고요하다(寂靜), 능멸(能滅)' 등의 뜻을 가지고 있는데 여기서 영가 스님은, 우리의 마음 가운데 일어나는 온갖 번뇌를 쉬고, 마음을 한 곳에 모우기 위한 게송으로 읊은 글이다.

인간이란 영리한 만큼 번뇌가 많다. 번뇌가 많다는 것은 사사물물에 있어서 분별하고 사량(思量)함이 많다는 뜻이 된다. 이 분별하고 사량하는 마음만 잘 다스릴 수 있으면 그는 한 소식을 한 사람(閑道人)이 된다. 이와 비슷한 시로 송시열(宋時烈)의 〈금강산〉이 있는데,
 구름과 더불어 산이 함께 희니 / 구름인지 산인지 얼굴을 가릴 수 없어 / 구름 돌아가니 산 홀로 솟았네. / 일만 이천 봉우리라네(雲與山俱白 雲山不辨容 雲歸山獨立 一萬二千峰).

* **영가**(永嘉) **스님**(665~713) : 저장(浙江) 성 원저우(溫州) 부 융자(永嘉) 현 사람으로 법명은 현각(玄覺), 자는 명도, 호는 진각(眞覺)이다. 8살에 출가, 경과 론을 공부

하였고 특히 천태지관(天台止觀)에 정통하였고 유마경을 보다 심지가 열렸다고 한다. 나중에 육조 혜능(六祖慧能) 대사를 찾아가 인가를 받았는데, 선사는 육조 스님의 주위를 세 번 돌고서 석장(錫杖)을 떨치고 그의 앞에 버티고 서 있으니 육조 스님이, "사문은 삼천 위의와 팔만 세행을 갖추어야 하거늘 대덕은 어디서 왔기에 그렇게 거만한고." 하니, "생사의 일이 중대하고 무상이 신속합니다." 등의 법거래(法去來)를 주고받았다.
여기에 실은 글은 영가집의 증도가 초구에 해당하는 것으로 그는 ≪증도가≫, ≪관심십문≫ 등의 저술을 남겼다.

장좌(長坐)

아하시작시하화 我何時作詩何畵
세쟁쟁인아불의 世爭爭人我不意
금동숙래서의식 今東宿來西依食
녕귀남산위장좌 寧歸南山爲長坐

나는 어느 때는 시를 짓고 어느 때는 그림을 그린다.
세상은 서로 다투는데 내 의지와는 맞지 않아
오늘, 동쪽에서 잠을 자고 내일은 서쪽에서 밥을 때울까.
차라리 남산으로 돌아가 장좌나 해야겠네.

사람은 누구나 시인이고 화가다. 한 번쯤 읊어 보고, 한 번쯤 그려 보지 않은 사람은 없다. 다만 어떤 마음에서 시를 읊고, 어떤 마음에서 그림이 그려지느냐, 이것의 차이일 뿐이다. 만약 불안한 마음으로 불안함을 읊으면 '불안한 시'가 되고, 악한 마음이 일 때 그림을 그리면 '악화'가 된다. 불안한 상태에서 지은 시는 시가 아니다, 악한 마음에서 그렸다 해서 그림이 아니다, 라고는 말하지 않겠다. 문제는 그러한 상태에서는 좋은 시나 좋은 그림이 될 수 없다는 것이다.

인간은 완전한 것 같으면서도 불안하다. 불안하기 때문에 비틀거리고 아쉬워한다. 그렇기 때문에 그렇지 않길 바라는 마음이 다른 말로 하자면 행복이다. 행복은 인간의 이상이다. 이것은 가까이 있기도 하고, 멀리 있기도 하는 것이다. 또 가까이 있어도 모르고 멀리 가서 찾으려 애쓰기도 한다.

살다 보면 햇살이 유난히 좋은 날도 있지만 비 오고 눈 내리는 궂은 날도 있다. 다만 비가 오면 비를 맞고 눈이 오면 눈을 맞으면 되지 않겠느냐, 하겠지만 때론 눈도 피해야 하고 비도 피해야 한다. 그뿐이랴. 좋은 햇살도 지나치면 피해야 한다.

이렇게 인생살이는 만만치 않다. 가령 돈이면 다 될 줄 알지만 돈 많이 가진 사람에게 물어 보라, "당신은 돈이 많으니 얼마나 행복하십니까?" 하고 말이다. 그런 말을 들은 사람 백이면 백, "아니요."라고 할 것이다. 왜냐하면 인생이란 돈이 전부가 될 수 없기 때문이다. 그보다 더 중요한 것은 부족하다고 느끼는 마음이다.

현실은 예나 지금이나 각박해서 제아무리 편리한 기계며 도구들이 발달해도 인간의 마음을 사로잡지 못한다. 그것은 마치 제아무리 좋은 휠체어라 할지라도 그것을 타지 않는 것보다는 못할 테니까.

그러므로 출가를 해서 절에서 사는 사람은 어떨까. 절이라는 이곳도 사람 사는 곳이다. 출가자가 어떤 마음에서 사느냐 이것이 중요한 것이지, 어디에 사느냐 하는 것이 중요하지는 않다. 생각해 보라. 깊은 산속에서 고요하기만을 바란다면 과연 산속은 고요하기만 할까? 산에는 물소리, 바람소리, 짐승들의 울부짖는 소리 등으로 해서 그냥 고요하기만 할 수 없다. 이것은 실제 있는 일이지만, 내가 거처하는 옆방 부근에 계곡이 있는데 그 방에서 기거하는 스님들 중 일부가, "물소리가 시끄러워 잠을 이룰 수 없다."고 하는 말을 종종 듣곤 한다.

그러하기 때문에 환경도 중요하겠지만 그보다는 어떻게 받아들일 수 있느냐, 하는 것이 중요하다. 가령 출가를 했지만 마음이 세속에서 멀어지지 않고 몸만 덜렁 산에 머문다면 과연 진정한 출가라 하겠는가? 설사 몸은 세속에 머물지라도 마음이 세속으로부터 멀어졌다면 그는 진정한 출가자라 할 수 있을 것이다.

산에서 놀다 (遊山)

임계탁아족 臨溪濯我足
간산청아목 看山淸我目
부몽한영욕 不夢閑榮辱
차외갱무구 此外更無求

— 장자(莊子)

개울에서 발을 씻고
산을 보며 눈 맑히며
한갓지게 영욕 바라지 않아
이 밖에 다시 무엇을 바랄꼬.

개울에 발을 담근다는 것은 마음을 쉰다는 것이고, 마음을 쉰다는 것은 불교의 '방하착(放下着)' 같은 것으로, 방하착이란 집착을 놓는다는 뜻이 된다. 일체의 세속적 관념으로부터 해방됨을 뜻하며 마음의 여한(餘閑)을 즐길 수 있는 그런 것이다. 또한 산을 보면서 눈을 깨끗이 한다는 것은 곧 심외 무물(心外無物)에서 나오는 그야말로 만목 청산(滿目靑山)이다.

마음을 떠나서 물질이란 아무 의미가 없다. 물질(몸)을 이끄는 주인이 마음이요, 정신인데 마음 떠난 자리에 무엇을 논한다는 것은 혼이 떠난 자리에서 시체에 집착을 두는 것과 다름이 없다 할 것이다. 그래서 일체의 욕망으로부터 벗어났을 때 비로소 '눈 안 가득 푸른 산(滿目靑山)'이 들어올 수 있게 된다.

'한갓지게 영욕을 바라지 않아' 라는 이 대목은 영가 스님의 증도가(證道歌)에서, "배움이 끊어지고 구할 것 없는 한가한 도인, 망상도 진리도 구하지 않는다."라고 말하는 것 같이 한 경지를 얻고 난 후에 할 수 있는 언어가 아닐까 생각해 볼 수 있다. 그것은 마치 목이 타는 사람이 목에 물을 축이고 나서 다음을 논할 수 있는 것과 같은 이치이다. 목장에서 소는 소대로 풀을 뜯고, 목동은 피리 불며 유유자적하게 노니는 것이니 이 경지를 떠나 별로 더 구할 것 없다는 것이다.

세상을 모르면 갖가지 구할 것이 많다. 하지만 세상의 이치를 알면 구하고 갖추는 것으로부터 초월해진다.
여기 한 어린아이가 있다 가정하면, 어린아이라지만 밥 먹을 줄 정도는 안다. 더 나아가 싫고 좋고도 안다. 하지만 어린아이는 부모의 보살핌이 필요하다. 그것은, 안다고 하지만 아직은 다는 알지 못하기 때문이다. 여기서 안다는 것은 그냥 '좋다, 나쁘다'의 개념을 넘어 제대로 판단할 수 있어야 한다. 제대로 판단하기까지 부모의 도움이 필요한 것이다.

무의자(無衣子) 스님은 이미 한 경지를 훌쩍 뛰어넘은 분이다.

홀로 못가에 앉아
우연히 못가에 한 스님을 만났다.
서로 웃으며 바라보기만 할 뿐
잘 아는지 말을 걸어도 대답을 하지 않네.
(池送獨坐 池低遇逢僧 笑相視 知君語不應)

이 글을 대하면서 느낄 수 있는 것이 부처님께서 영산회상(靈山會上)에서 설법을 하다가 꽃을 들어 보일 때, 가섭이 미소로 대답한 것과 같음을 느낄 수 있다. 우연히 못 밑에서 스님을 보게 되었고, 그러자 서로가 마주보며 웃었다. 그렇게 웃는 중에 말을 걸었지만 대답은 하지 않고 그냥 웃기만 한다. "나를 알기라도 하는 걸까?" 하는 궁금증을 잘 표현했다고 여겨지는데 영산회상에서의 미소나 여기서 서로가 아는 듯하다고 느끼지만, 저쪽은 나를 안다고 보았을 때는 말이 필요 없었을지도 모른다.

무의자 스님의 글에서 느끼는 것은, 마치 늘 흐르는 강물의 물줄기가 다 말랐다는 것을 생각할 수 있다. 강물이 무엇이냐? 강물은 늘 흐르기에 정(情)과 같은 것. 정이란 다시 말하면 애욕(愛慾)이다. 애욕은 수양인(修養人)에게 제일 어려운 난관이요, 과제가 아닐 수 없다. 그러나 그의 글을 보면 단순한 세속적인 번뇌뿐만 아니라 인간의 내면, 특히 남자의 내면에 흐르는 참기에는 감당하기가 어려운 그것을 그대로 물 흐르듯 흘려보내 버린 것 같음을 알 수 있다. 얼마나 초연한 삶인가! 그런 삶속에서만이 가능한 글을 우리에게 남겼다.

그의 시 〈냉취대(冷翠臺)〉에는 유유자적한 한 선승의 모습을 읽을 수 있다.

드문드문 소나무 달빛 밝아서
그윽한 골바람 족히 맑아
웃고 즐기며 마음대로 노니니
높고 낮으나 머무는 곳은 평안해.
(疎松月白 幽峽足風淸 笑傲從遊戱 高低隨處平)

* 무의자(無衣子. 1178~1234) : 고려 고종 때 스님. 법명은 혜심(慧諶). 고려 왕실의 왕자로 출가. 《진각국사 어록》과 시집 등이 내려오는데, 그의 탁월한 선시(禪詩)의 세계는 훗날 조선 시대의 문학에 크게 영향을 미쳤다.

스승을 찾아서 (尋隱者不遇)

송하문동자 松下問童子
언사채약거 言師採藥去
지재차산중 只在此山中
운심부지처 雲深不知處

― 가도(賈島)

소나무 아래서 동자에게 물었다.
동자가 말하기를, 스승은 약초 캐러 갔습니다.
이 산중 어디에 있을 겁니다.
다만 구름이 깊어 알 수 없네요.

 은자(隱者)를 찾으러 산을 찾아 동자에게 스승이 어디 갔느냐 물으니 동자가 이 산중 어디에 있긴 하지만 구름이 깊어 찾을 수 없다는 말을 듣고 한참을 기다려도 은자를 보지 못한 채 아쉬운 발걸음으로 돌아오게 되는 내용의 시다.
 다만 여기 나오는 스승이 누군지는 알 수 없으나 이 시를 지은 가도(賈島)는 한때 수양의 길에서 머물렀던 '무본(無本)'이라는 법명을 가진 스님이라는 것을 생각하면 깊은 산속, 동자가 있는 것을 봤을 때 스승은 숨어 사는 은자나 혹은 세속과의 거래를 끊고 사는 어떤 고승이 아닐까 생각한다.

동자가 대답을 한다. "이 산중 어디에 있을 겁니다. 다만 구름이 깊어 찾을 수 없네요." 이 시가 주는 느낌, 즉 시상(詩想)이 너무도 생감(生感)이 있다. 또한 이 글을 대하는 사람들로 하여금 깊은 정감을 준다는 것이다. 비록 산을 보지 않고 동자나 스승을 대하지 않더라도 그냥 마주하는 것 같은 그런 소박하고 아름다운 느낌, 더 나아가면 한 폭의 산수화를 보는 것과 같음을 알 수 있다.

누군가를 찾을 수 있는 사람은 그나마 다행하다 할 것이다. 누군가를 찾고 싶어도 찾지 못하는 사람도 있다. 그런 사람의 부류 중에는 출가한 스님들이 그에 해당되지 않을까? 나 자신이 지난날 출가한 지 얼마 되지 않을 때 일이다. 출가할 때는 부모 형제 인연을 끊었는데, 출가한 지 얼마 지나지 않아서 병들고 보니 막막했다. 그래서 아무도 보이지 않는 첩첩산중에서 이 몸을 마치리라 생각을 하고 떠났던 생각이 난다.
당시에 나의 모습을 보고 안타까이 여기던 사람들은 부모 형제를 찾거나 스승을 찾아서 도움을 받으라 하였지만 당시 나의 자존심이 허락하지 않았다.

누군가를 찾을 수 있다면 그는 행복하다. 과거 후한 말 삼국시대 촉한의 유비가 융중(隆中)에 기거하던 제갈량(諸葛亮)을 만나기 위해 몸소

제갈량의 초가집을 세 번이나 찾은 일화가 삼고초려(三顧草廬)이다. 이렇게 찾을 수 있음이 어찌 다행하다 하지 않을 수 있겠는가? 지금도 본문의 글처럼 스님들은 스승을 찾아서 동남으로 돌고 서북을 헤매는 경우가 다반사다.

* 가도(賈島, 779~843) : 당나라 중기 때 사람으로 자는 낭선(浪仙)이다. 지금의 허베이(河北) 성 판양(范陽)에서 출생했다. 과거에 응시하였으나 뜻을 이루지 못하고 출가하여 무본이라는 법명을 받은 스님이 되었다가 그가 지닌 시적 재능으로 한유(韓愈)와 교유하다가 환속을 하게 되었다. 유작으로는 ≪가랑선장강집(賈浪仙長江集)≫ 10권이 전해져 내려온다.

* 제갈량(諸葛亮, 181~234) : 삼국시대 촉한의 정치가. 자는 공명(孔明).

눈 내리는 강(江雪)

천산조비절 千山鳥飛絕

만경인종멸 萬徑人踪滅

고주사립옹 孤州蓑笠翁

독조한강설 獨釣寒江雪

— 유종원(柳宗元)

온 산에 나는 새 보이지 않고
길마다 사람의 자취마저 끊어졌어라.
외로이 고을에는 삿갓에 도롱이 걸친 늙은이가
홀로 추운 강에서 눈을 낚더라.

참 좋다. 이 말 외에 더 덧붙이면 인위(人爲)밖에 되지 않겠지! 그래도 한 말씀 아니 할 수 없는 그런 전경이 눈 안에 들어오는 듯하다.

천산, 만산, 아니 온 산이 그저 침묵에 들어갔다. 침묵은 말을 하지 않아서 침묵이라 할 수도 있겠지만, 여기서 침묵은 나열된 진리의 현상이 제자리로 돌아온 것과 같은 침묵이다. 이것이야말로 환지본처(還地本處)요, 본지풍광(本地風光)이 아니고 무엇이랴.

바로 이런 자리를 선가(禪家)에서는 본래 그 자리라 하며, 본래 그 자리는 색(色), 이전의 자리로 미생전(未生前)을 말하며, 한 발 더 나가면 본래 면목(本來面目)이 된다. 본래 면목이란 스스로의 청정한 마음자리가 아닌가?

새 자취 끊어진 자리나, 인간의 발자취 끊어진 자리나, 그 자리가 그 자리다. 다만 눈이 어두우면 코앞에서도 볼 수 없고, 눈이 밝으면 밝게 잘 보여서 천 리, 만 리도 다 볼 수 있다.

가을걷이 끝낸 산천은 더욱 적막해서 날마저 추워진 초겨울의 풍경은 더욱 고요해서 눈(雪)을 피하려고 댓잎 삿갓에 짚으로 엮은 도롱이를 걸친 늙은이가 외로이 찬 강가에서 눈망울 낚는 그 자체가 풍경이요, 마음자리로 볼 수 있다. 온갖 덕지덕지 붙은 번뇌 망상 다 떨친 천진무구(天眞無垢)와 다르지 않을 것이다.

다만 이 시에는 고즈넉한 초겨울의 눈이 내리는 풍경을 리얼(real)하게 잘 묘사하고 있다. 그 배경은 자기 자신이 벼슬을 했고 그런 중에 왕숙문(王叔文)의 친정(親政)에 참여하려다가 뜻을 이루지 못하고 좌천되어 13년 동안 자연에 의지해서 살 수 밖에 없었을 것이다.
　이러한 환경이 그를 세속 번진(世俗煩塵)으로부터 벗어나서 살게 하는 강한 의지가 됨을 엿볼 수 있다. 그런 동기 부여는 그보다 수백 년 앞서서 ≪귀거래사(歸去來辭)≫로 자연을 노래한 도연명(陶淵明)과도 다르지 않다고 할 수 있을 것이다.

* 시인 유종원(柳宗元, 773-819) : 당나라 장안 출생으로 총명하면서도 파격적인 성격을 지녔다. 본가는 관료 집안으로 진사 시험으로 33세에 '상서외부원외랑'이 되었다. 그해 정월 덕종이 죽자 유우석(劉禹錫) 등과 함께 정치 개혁 운동에 참여했지만 성공하지 못하고 영주사마(永州司馬)로 좌천 이후 다시는 중앙으로 돌아오지 못하고 43세에 유주자사로 옮겨 47세 되던 해에 그곳에서 죽었다. 그는 봉건 사회에 대한 의문으로 ≪봉건론≫을 비롯하여 시문집, 외집 등 많은 저술을 남겼다. 그는 개혁과 진보적 사고를 가지면서도 자연주의에 심취하였고, 당시 시인, 문장가로 명망이 높아 가던 왕유(王維), 맹호연(孟浩然) 등과 교유하였으며 이 〈강설〉을 지을 무렵은 영주사마로 좌천되어 산천에 심취하면서 마음을 다스리던 그런 시절이다. 그가 지은 자연의 노래(산수)를 한 산문은 ≪귀거래사≫로 유명했던 도연명에 비교가 되기도 했다.

전원으로 돌아오다

종두남산하 種豆南山下
초성두묘희 草盛豆苗稀
침신이황예 侵晨理荒穢
대월하서귀 帶月荷鋤歸
도협초목장 道狹草木長
석로첨아의 夕露沾我衣
의첨부족석 衣沾不足惜
단사원무위 但使願無違

― 도연명(陶淵明)

남산 기슭 아래 콩을 심었다.
풀은 무성한데 콩 싹이 드물어
이른 아침 황무지 개간하고
달이 떠서야 호미 메고 돌아가는데
좁은 길, 풀마저 무성해서
저녁 이슬이 내 옷을 적시지만
옷 젖는 것은 괜찮아
다만 바라는 바가 어긋나지만 않았으면.

이 '시'를 지을 무렵은 관직을 떠나고 나이 마흔을 넘겨 전원에 돌아와서 전원생활을 시작할 때인데, 그때의 환경을 잘 묘사한 것으로 이것은 물을 보고, 물을 뛰어넘는다거나 어떤 격식을 보고 격식을 파기하거나, 뛰어넘는 격외선(格外禪)적이 아닌 그냥 고요한 선시가 바로 이런 것이 아닐까 하는 생각을 해본다. 그가 관직을 버리고 세속의 명리에 연연하지 않고 전원으로 돌아와서의 일상을 잘 표현한 글이다.

　도연명 시인, 그는 조상으로부터 비교적 좋은 환경을 물려받았고, 또 그로 인하여 잠시 벼슬하다가 싫으면 그만둘 수도 있었다. 하지만 그도 세월이 흐르고 나이도 들고 몸과 마음도 점점 뜻과의 거리가 멀어지는 그런 즈음에 전원생활을 한다는 것이 쉽지만은 않았을 것이다. 그가 우선 '남산(南山) 기슭 아래 콩을 심었다'고 하였는데, 남쪽 방향의 산을 흔히 남산이라고 한다. '무슨 산이냐' 하는 산 이름이 있기 마련인데 그냥 남산이라 하였으니, 아마 마을 남쪽에 있는 야산 같은 걸 생각해 볼 수 있다. 그렇다면 이것은 마을 남쪽 어귀의 햇살이 잘 비추는 그런 야산이 될 것이고, 그렇지 않다면 그가 바라고 머물고 싶은 그런 정신의 아이디얼리스트(idealist)가 바로 남산이라 표현하지 않았을까? 하는 생각도 해볼 수 있다.

　중국이나 우리나라에서는 사람이 살 수 있는 곳, 편하게 살기 위해서는 반드시 좌향(坐向)을 따르기 때문이다. 좌향이란, 등진 방향에서 앞을 바라보는 방향을 의미하는 것으로 사람들이 집짓고 살아가는 데 가장 적합한 장소를 들자면, 좌자오향(坐子午向)이 될 것이다. 좌자오향이란, 앉은 자리에서 정남쪽을 바라보는 것으로 햇살을 가장 많이 받을 수 있기 때문이다. 물론 그것뿐만 아니라 배산임수(背山臨水)라 하여 뒤는 산이요, 앞은 물이 흐르고, 더 나아가면 오른쪽의 기세가 우뚝해서 북풍(白虎)을 막아 주고, 낮은 산등성이를 타고 올라오는 동쪽의 햇살 기운(靑龍)을 맞는다면 더 바랄 것이 없겠지만 스스로에게 주어지는 환경이 쉽지는 않은 것이 예나 지금이나 현실이다.

그가 전원에 돌아와 쓴 ≪귀거래사(歸去來辭)≫ 중의 첫 번째 시를 보면,

소무적속운 小無適俗韻
성본애구산 性本愛丘山
오락진망중 誤落塵網中
일거삼십년 一去三十年

젊어서는 세속에 잘 어울리지 못하고
천성이 산을 좋아하지만
티끌 세상에 잘못 들어서
한 번 떠나 삼십 년이 되었네.

이 시에서 도연명은 본시 세속의 영욕에는 관심이 없다는 것을 알 수 있는데, 그의 시가 세속적 삶이 아닌 전원으로 돌아와 무욕으로의 삶을 잔잔하면서도 꾸밈없이 있는 그대로의 모습을 잘 드러낸 작품이라면, 이후 300여 년의 시간 차가 있지만 당대(唐代)의 고전 시인으로 자연을 노래한 두보(杜甫)와 이백(李白)을 들 수 있다. 먼저 두보의 〈절구(絕句)〉를 보자면,

강벽조유백 江碧鳥逾白
산청화욕연 山靑花欲然
금춘간우과 今春看又過
하일족귀년 何日足歸年

강이 푸르니 갈매기 더욱 희고
산이 푸르니 꽃은 더욱 붉더라.
올 봄도 타향에서 보내게 되니
어느 날 고향에 돌아갈 수 있을꼬.

이 시에서 언제 고향을 갈 수 있을까 하는 마음을 엿볼 수 있다. 같은 산을 보더라도 보는 사람의 심사에 따라 전혀 다르게 느낄 수 있는데, 도연명이 관직을 훌쩍 던지고 조용히 전원에 머물러 글을 썼다면, 두보는 자신이 벼슬길을 원했지만 원하는 벼슬자리는 얻지 못했다. 그저 타향살이 하면서 가족에 대한 그리움과 스스로의 시름을 달래던 시절에

눈앞에 펼쳐진 '강이 푸르니 갈매기 더욱 희고, 산이 푸르니 꽃은 더욱 붉더라.' 등은 마치 슬픔에 잠긴 사람에게 슬픈 노래를 들려주는 것과 같은 것이다.

반면에 이백은 두보와는 또 다른 것이, 귀양살이의 설움이 고향을 더욱 그립게 하는 시에 잘 드러나니,

수가옥적암비성 誰家玉笛暗飛聲
산입춘풍만락성 散入春風滿洛城
차야곡중문절유 此夜曲中聞折柳
하인불기고원정 何人不起故園情

뉘 집에 들려오는 옥피리 소리인가.
봄바람은 낙양 성에 퍼져 가고
이 밤의 가락은 이별가를 듣는
어떤 사람이 고향 그립지 않을까.

피리 소리는 편안함을 뜻한다고 볼 수 있는데, 고향 집 생각이 아니 나지 못할 것이고, 봄바람이 낙양 성에 퍼져 간다는 생각을 하면, 이 밤의 곡조는 슬픈 이별가나 다름없음을 생각하면서 어찌 고향의 정이 그립지 않겠는가? 하는 심정이 오롯이 드러났다고 할 수 있다.

여기서 도연명의 심사(心思)는 그 스스로 원했던 대로 자연으로 돌아왔으니 자연과 함께 계합하여 자연과 스스로가 둘이 아니길 바랐는지 모른다. 그것이 1600여 년이라는 시공을 뛰어넘어 오늘날 사람들의 마음을 훔치기라도 하듯 해서, 세계인이 좋아하는 명시가 되어 세계적 시인으로 평가 받을 수 있지 않나 하는 생각을 해본다. 나 역시 그의 시 모두를 좋아하지만 특히 ≪귀거래사≫ 중의 〈음주〉를 비롯하여 〈종두남산하…〉 등은 늘 머릿속에서 떠나지 않는다.

* 도연명(陶淵明, 365~427) : 동진 말기부터 남조의 송(宋) 초기. 강주 심양군 지금의 장시(江西) 성 시상(柴桑) 현 출생. 대대로 남방의 토착 사족(土族)으로 29세 되던 해에 처음으로 관료가 되었는데 강주(祭酒. 주의 교육장)에 취임한 후 곧 사임했다. 그리고 얼마 있다가 두 번째, 세 번째 관직을 맡다가 10년의 관료 생활을 끝내고 41세가 되어서 전원으로 돌아와 20여 년의 생활을 하게 되는데, 4언시 9수, 5언시 115수, 산문 11편 등을 남겼다.

음주(飮酒)

結廬在人境
而無車馬喧
問君何能爾
心遠地自偏
採菊東籬下
悠然見南山
山氣日夕佳
飛鳥相與還
此間有眞意
欲辨已忘言

己丑年 書
龍門山 龍門寺說禪堂 慈雨

결여재인경 結廬在人境
이무차마훤 而無車馬喧
문군하능이 問君何能爾
심원지자편 心遠地自偏
채국동리하 采菊東籬下
유연견남산 悠然見南山
산기일석가 山氣日夕佳
비조상여환 飛鳥相與還
차중유진의 此中有眞意
욕변이망언 欲辨已忘言

— 도연명(陶淵明)

인가 근처에 초막을 짓고 사는데
수레 소리가 시끄럽게 들리지 않아.
그대 묻노니, 어찌해서 그런가?
마음이 세속과 멀어졌기 때문이 아닐까?
동쪽 울타리에서 국화꽃을 따 들고
유연히 남산을 바라보는데
산기운은 아침저녁 아름다워.

새들은 서로 짝을 이루며 돌아오니
이런 모습이 진의(眞意)가 아니고 무엇이랴.
말을 하려 해도 할 말을 잊었다네.

 이 시는 도연명의 시 중에서도 대표적 시라 할 수 있다. 그의 시중 '음주 시리즈'가 있는데 그 다섯 번째에 해당되는 시로 오늘날, 지어진 지 천년이 넘는 이 시에 매료되어 즐기는 현대인들이 많다 보니 자연히 세계의 명시가 되었다.

 이 시가 가지고 있는 매력은 아마도 도연명이라는 당대의 뛰어난 문장가이자 시인이 복잡한 도심에서의 생활이며 벼슬까지 하였지만, 그의 마음속 대의(大意)는 벼슬이나 하고 편하게 지내고 도심에서 많은 사람과 교유하며 한 세상 그럭저럭 보내는 것이 아니었기에 자연히 그의 가슴엔 자연에서 진의(眞意)를 얻고자 함이 간절했고, 그 간절함은 마치 간화선(看話禪)의 수행자가 화두를 들다, 단박에 깨친 것 같은 그런 것이 아닐까?

 그의 시 첫 구절을 음미해 보면 알 수 있다. 그는 도심을 떠나고 많은 지인과도 멀어졌지만 그렇다고 그를 전혀 찾을 수 없는 곳으로 숨었다거나 스님들이 세속을 떠날 때 출가라 하듯이 그렇게 세속과의 단절을 보이지도 않았다.

그는 단지 전원으로 돌아왔지만 고즈넉한 마을 언저리 어디쯤에 초막을 짓고 살게 되면서 전원생활을 시작하는 것을 엿볼 수 있는데 거기까지는 평범한 일상에 가깝다. 그러나 그는 평범한 일상을 보이면서도 일상을 뛰어넘는 가히 파격적인 내면을 보이기 시작한다.

인가 근처에서 초막을 짓고 산다면 당연히 수레를 끄는 소리는 시끄러워야 함에도 그는 그것이 시끄럽지 않다고 한다. 그리고는 스스로 반문하듯이 '어찌하여 그럴까?' 라는 식의 뉘앙스를 풍기게 되는데 이것은 단순한 뉘앙스가 아니라 선가(禪家)적으로 본다면 견성 오도(見性悟道)가 되는 것이요, 크게 깨친 것이라고 볼 수 있는데 왜냐하면, "마음이 세속과 멀어졌기 때문이 아닐까?" 하는 이 말에서 알 수 있다.

그리고 그는 세속에 몸도 머물고, 마음도 머물었지만 세속에 떨어지지 않았다는 것을 스스로 자문에서 밝힌 것을 보면 그가 한 시대의 뛰어난 시인에만 머물지 않았음을 보이고 있는지도 모른다.

그는 이 시에서 국화꽃을 딴다는 말을 하고 있다. 이 시의 타이틀에서도 밝혔듯이 술을 담기 위해서 국화를 땄다. 그가 딴 국화를 들고 앞산(南山)을 유연히 바라본다. 산 빛도 유난히 좋아 보이고, 새들도 짝을 이뤄 돌아오는 모습에서 자연의 오묘함이랄까 인생의 진리(참뜻)랄까, 다시 한 번 깨달음을 맛보게 된다. 과연 이 느낌, 이 환희를 표현으로 가능할까? 생각해 볼 수 있지만 이 자리는 현상도 초월하고 현상 아님도 초월한지라 언어(言語)가 어찌 여기 붙일 수 있겠는가?

 그가 말하는 심원(心遠)이나, 진의(眞意), 욕변이망언(欲辨已忘言) 등은 인위의 사유를 넘어선 노자의 무위자연(無爲自然)과도 통할 뿐만 아니라 혼연망아(渾然忘我)의 구도자적인 경지에서만이 얻을 수 있는 경지가 바로 이런 경지가 아닐까?

연못을 뚫은 달

원중화소성미청 園中花笑聲未聽
임중조체루난관 林中鳥涕淚難觀
죽영소계진부동 竹影掃階塵不動
월천담저수무흔 月穿潭底水無痕

— 야부(冶父) 선사

정원의 꽃은 웃고 있지만 웃는 소리 들리지 않고
숲속에는 새가 울지만 눈물 보이지 않네.
대 그림자 섬돌을 쓸어도 티끌 하나 움직이지 않고
달이 연못을 뚫었지만 흔적조차 없어라.

정원은 무엇이며, 꽃은 무엇이며, 웃는 꽃 또한 무엇이기에 웃는 소리 들리지 않는다고 하나. 꽃이란 자연에서 나오는 자연의 조화지만 정원에 핀 꽃은 인위(人爲)가 묻어 있다. 꽃이 웃고 있는지 울고 있는지는 꽃을 보는 사람의 마음이다. 문제는 꽃이 웃는다는 것도 웃을 일이지만 웃는 소리 들리지 않는다 하니 더욱 웃을 일이 아닌가?

이런 와중에 숲속의 새마저 울고 있는데 눈물이 보이지 않는다고 한다. 만약 새가 운다면 눈물 또한 보여야 할 것이다. 다만 새 우는 줄 모르는 사람 없지만 새의 눈물을 본 사람, 들어 본 일 아직 없다.

선사가 던지는 화두는 계절이 돌아왔지만 계절을 모르는 사람이 많고, 꽃은 인고의 시간을 보내고서야 필 수 있었다. 다시 말해 꽃이 웃고 있는데, 사람들이 그 깊고 오묘한 세계를 알지 못하는 것을 표현했으리라 짐작할 수 있다.

꽃이 피고 웃는다는 것은 우리들의 심성에는 모두가 불성(佛性)이 있지만 그 불성을 밝히지 못함을 말하는 것이라 본다.

본래는 대나무도 없다. 없다는 것은 무엇인가? 대나무를 보기까지는 대나무 잎 하나, 아니 대나무 그림자도 함께 하지 않은 그 자리에서 대나무가 숙성되지 않았던가? 그러니 본래 대나무가 없다 할 수밖에. 그러니 자연히 그림자 있을까 보냐?

섬돌을 쓸 놈은 누구며, 티끌은 또 무엇인가? 아무리 공부의 흉내를 낼지라도 마음자리 제대로 찾아들지 못하면 가는 목적지를 코앞에 두고 가도 길은 십만 하고도 팔천 리 길이 되는 것과 같은 것이다.

달이 연못을 뚫었다는 것은, 마음자리 찾고 보면 나도 그 대상도 없음이어라. 일체가 공하다는 것이다. 공한 이치에서 무엇을 있다 말다 할 것인가? 다만 일체가 공(空)이라지만 공한 가운데 참으로 공함을 알아야 할 것이다.

선사는 자연의 아름다움과 시간의 변천, 그리고 모든 것(諸法)의 실상을 보이면서 존재하는 실상이 본래는 실상이 아님을 보이고 있다. 그래서 우리가 살아가는 것이 마치 꿈속과 같음을 비유하신 청허(淸虛) 스님의 몽중 시를 보자. "주인이 손님에게 꿈을 말하니, 손 또한 주인에게 꿈을 말한다. 지금 꿈을 말하는 주인과 나그네, 이는 몽중의 사람이다(主人設夢客 客夢設主人 今設二夢客 亦是夢中人)."라고 설한 것처럼 인생은 어찌 보면 봄날의 화사하게 웃고 있는 꽃과 같은지도 모른다. 다만 꽃이 영원하지는 않다고 하지만 다시 돌아온다. 이것이 윤회라면 윤회다.

다만 사람은 화초나 수목하고 달라서 동물이기에 한 번 죽으면 그 자리에 다시 나올 수는 없다. 아직 동서고금을 통해, "내가 과거 누구요." 하면서 다시 돌아왔다는 소식을 들어 본 적이 없다. 그만큼 한 번 사람이 되었을지라도 다시 사람 되기 힘들다는 것이다.

* **야부 도천**(冶父道川) **스님** : 생몰 연대가 뚜렷하지 않다. 다만 송나라(1127~?) 사람으로 추정할 뿐이다. 성은 추(秋)씨, 이름은 삼(三)이다. 군의 집방직에 있다가 재동의 도겸(道謙) 선사로부터 도천(道川)이라는 호를 받았다. 정인 계성(淨因繼成)의 인가를 받아 임제의 6세손이 된다. (여기에 나오는 선시는 뚜렷한 출처를 찾지는 못하였다.)

가을 밤

추풍유고음 秋風惟苦吟
거세소지음 擧世小知音
창외삼갱우 窓外三更雨
등전만리심 燈前萬里心
— 최치원

가을바람에 괴로움 읊조린다.
세상엔 날 아는 이가 적어
창밖엔 밤 깊도록 비 오는데
등불 앞 마음은 멀리멀리 밖으로 내닫네.

가을바람은 참으로 쓸쓸하다. 누가 이 쓸쓸한 바람을 모르랴마는 생각이 깊으면 깊을수록 가을에 맞는 바람은 더 차갑게 맞는지 모른다. 가을이란 풍요한 결실만을 생각한다면 얼마나 좋을까? 인간은 결실 이후까지를 생각하기에 더욱 쓸쓸하고 더욱 공허할 수 있다. 어찌 생각하면 농부가 가을을 향해서 열심히 노력했지만 정작 가을이 와서 결실까지 마치고 나면 한편으로는 여유롭다. 그렇지만 한편으로는 거둬 들인 곡식으로 다음의 결실을 기약하면, 다 채워도 다 채우지 못한 허전함일까? 중생의 욕심일까? 아무튼 허전할 수밖에 없다.

이 시에서 '세상은 날 아는 이가 적어'라는 대목을 살피면 '고운(孤雲) 최치원(崔致遠)'이라는 이름을 많이 알리지 못했거나, 뜻하지 않게 고즈넉한 산사 같은 곳에서 은거하다시피 살 때가 아닌가 하는 생각을 할 수 있다. 세상이 그의 뜻에 통하지 않는 그런 때에 '창밖엔 밤 깊도록 비 오는데'라는 대목에 이르면, 시간이 막 스쳐 지나는 것 같음을 느낄 수도 있다.

앞은 그저 막막하기만 해서 몸을 가누지 못하는 그런 심정이랄까, 등잔 앞에 앉은 자신의 모습이 피어오르는 등불에 어울려 작은 미풍에 흔들리는 듯해서 흔들리지 않으려고 몸부림치는 그것이 비 오는 밤에 몸은 매여 있지만 마음은 멀리멀리 달아나는지 모른다.

일찍이 함허(涵虛. 1376~1434) 스님은 《금강경오가해(金剛經五家解)》에서 밝히길, "천겁을 지나도 옛 아니요. / 만년이 지나도 지금이라. / 바다와 산이 서로 바뀌었는데 / 풍운의 변태를 얼마나 보았나." 했다. 크게, 크게, 더 크게 본다면 길고 짧고 하는 것도 없고 긴 세월 짧은 세월도 없다. 하지만 인간이란 모르고 사는 부류도 있고, 알며 살아가는 부류도 있다. 알고 사느냐, 모르고 사느냐, 인간이 겪어야 하는 것은 같다.

인간은 누구를 떠나 나약함은 늘 공재(共在)하는 것이다. 다만 약을 쓰되 그가 약사라면 정확히 알고 쓸 것이고, 약사가 아니라면 잘 모르고 쓰는 그런 차이일 뿐이다.

  비 오는 날 누가 무슨 재주로 비를 맞지 않고 걸을 수 있겠는가? 이 문제는 알고 모르고가 없다. 비 오면 비를 맞는 것이 자연스러운 것이요, 다만 비를 맞더라도 마음이 비와 함께 동화되어 흠뻑 젖어 드는 감미로움에서 우러나오는 황홀감 같은 그런 맛을 안다면 그는 행복한 사람이다. 만약 그렇지 못해서 비가 몹시 싫은 사람이 이러지도 저러지도 못해 어쩔 수 없이 비를 맞는다면 그는 비에 젖은 길 잃은 강아지 꼴이 된다.

  그래서 모든 것은 한 생각의 차이다. 한 생각 털어 버리면 편하게 살 수도 있고, 또한 편하게 갈 수도 있다. 이 한 생각을 놓지 못해 괴로워하고 슬픔에 젖어 든다면 이것이 인생이고, 나약한 우리들의 자화상인가?

* **최치원**(崔致遠. 857(문성왕19)~?) : 신라의 대학자. 본관은 경주. 자는 고운(孤雲), 혹은 해운(海運). 12세에 당나라 유학, 서경과 장안에서 7년을 머물다가 빈공과에 장원으로 급제하였다.
885년 신라로 돌아와 헌강왕에 의해서 시독겸 한림학사 수병부시랑 지서서감에 임명되어 외교문서 작성을 담당하였다.
≪진감국사 비명≫ 등을 지으며 불교와 인연이 두텁다. 만년에는 화엄종의 본산인 해인사에서 스님들과 교류하며 은거하며 살았다. 다수의 문집이 전해 내려온다.

5号(五無)

無無無無無

無知 無知 無知 無知 無知

없음을 없다 하면 없음은 없을 수밖에 없다.
알 수 없음이여, 알 수 없음이여, 알 수 없음이여, 알 수 없음이여, 알 수 없음이여.

무(無)를 무(無)라 하면 무(無)는 무(無)가 아니다.

공(空)이라 하면 공(空)은 공(空)이 아니다.
일체가 공한 가운데 묘함이 있어라(妙有).

무(無)라, 무(無)라 하면 무(無)는 저만치 가고, 공(空)이다 하면 공(空)도 저만치 달아난다.
무엇을 공(空)하다 할 것이며, 무엇을 있다 없다 하겠는가?

있다 없다 하는 것은 모두가 그대의 관념에 지나지 않으니 그것이야말로 진정 분별이 아니고 무엇이겠나?

본래는 고요한데 나로 인하여 고요함이 깨졌다.
그런 가운데 '나는 누군가?'
나를 찾아도 나는 찾을 수 없다. 이러할진대 무엇을 옳다 하고 무엇을 그르다 하랴?
그저 나도 잊고, 너도 잊으면 모든 것이 뚜렷한 것을······.

세상은 서로 다투고 서로 끌어내리려고만 하니 멀리 바라보는 행복도 저만치고, 가까이 찾아오는 행복도 저만치 달아난다.

진정 우리는 무엇을 바랄 수 있으며, 무엇을 얻을 수 있을까?

"꿈에 청산을 밟았는데 다리가 아프지 않다. 꿈에 떨어진 댓잎을 쓸어도 한 잎사귀도 쓸리지 않더라(금강경)."

심경(心經. 반야심경)에 '전도 몽상(顚倒夢想)'이라는 말이 있다. 전도 몽상이란 '뒤집힌 생각'으로 내가 서 있지만 바로 섰는지 생각해 볼 일이다. 만약 서 있다는 자신이 바로 서 있지 않은 것이라면 그것은 전도 몽상이다.

우리는 몸만이 전도되었다면 그나마 다행인지도 모른다. 그것보다 더욱 중요한 것은 마음이다. 이 마음이, 생각이, 전도되었다면 이것은 문제가 아닐 수 없다.

"몸은 보리수요, 마음은 명경대다(身是菩提樹 心如明鏡臺)." 신찬(神贊) 스님이 하신 말씀이다.

보리수가 무엇인가? 보리는 깨달음이요, 수는 나무다. 즉 깨달음의 근거라 할 수 있다. 마음을 거울대에 비유했으니, 거울은 보이는 현상을 그대로 반조(返照)하는 것 아닌가? 반조한다는 것은 실제를 의미하는 것으로, 깨달았다면 깨달은 대로 깨닫지 못했다면 못한 대로 그대로일 뿐이다.

무를 무라고 본다면 이미 관념적으로 무에 빠져 무를 보는 것이다, 적어도 무를 무가 아닌 유로 받아들일 수 있어야 한다. 그렇다고 유만 내세우면 이것 또한 단견(斷見)에 떨어지는 것이다.

진실로 바른 인생을 본다면 '유다, 무다' 라는 관념을 초월해야 할 것이다. 그것은 우리가 존재하고 우리가 나아가는 것에 있어서는 실로 유무는 존재하지 않기 때문이다.

달마는 일찍 서강의 물을 다 마셔 버렸다.
찬 서리 내리기 전 기러기 하늘 높이 나르고
고불(古佛)은 미생전(未生前)에 중생 제도 다해 마쳤으니
목동은 피리마저 던져 버리고
풀 뜯는 목우는 풀밭에 뿔 박고 빙빙 돌며 춤을 춘다.

물 흐르고 꽃이 피는

수유화개 水流花開

청로미희 淸露未晞

— 사공도(司空圖)

물은 흐르고 꽃은 피는데
맑은 이슬 아직 남아 있네.

이 글은 당나라 때 시인 사공도(司空圖. 837~908)의 〈진밀(縝密)〉에 나오는 한 구절이다.

물이 흐르는 것은 자연의 변함없는 순리다. 꽃이 피는 것 역시 자연의 순리다. 하지만 '맑은 이슬 아직 남아 있네.' 하는 것은 꽃이 활짝 필 적에는 이슬도 말라야 하는데 마르지 않았음을 시인은 화두(話頭)처럼 던진 것이리라.

산에 가면 물이 있어 물이 흐르는 것을 볼 수 있고, 온갖 꽃나무가 자랄 수 있어 꽃을 보기란 어렵지 않다. 다만 같은 물, 같은 꽃일지라도 각기 달리 볼 수는 있다. 그것은 꽃의 형태 변화에 따라 달리 볼 수도 있겠지만, 무엇보다도 시간의 흐름에 따라 달리 볼 수도 있을 것이다.

물은 근원적으로는 물이 만들어지는 요소를 생각할 수 있지만, 이미 물이 되어 흐르는 모습을 말할 땐 본질에서 파생된 하나의 형태에 지나지 않는다. 하지만 꽃은 어떻게 볼 것인가? 물이 하나의 근원이 있어 형태를 구성했다면 꽃 역시 형태를 구성하는 것까지는 다를 것이 없다.

그렇다고 해도 분명 물이 흐르는 것과 꽃이 피는 것은, 같은 것같이 느낄 수는 있을지 몰라도 분명 다르다. 물은 늘 흐르기 때문에 처음과 끝을 볼 수 없는 데 반해, 꽃은 처음 그 모습에서 크게 변하지 않을 뿐 아니라 물처럼 흘러가지도 않는다. 한 번 핀 그 모습으로 시들어 떨어질 때까지 그 자리를 지킨다는 것이다.

여기서 시인이 들어 보이고자 하는 것이라면 '맑은 이슬' 일 것이다. 적어도 꽃이 활짝 피었을 쯤에는 이슬 역시 말라서 볼 수 없어야 함에도 아직 맑은 이슬이 남아 있어 이슬을 본다는 것에서 이야기를 풀어야 할 것 같다.

이슬은 이슬 자체의 본질을 생각하기보다는 맑고 청아한 모습이 햇빛에 반사가 되면 영롱함이 아름다움의 극치라 할 수 있는데, 그것은 인간들이 인위적으로 꾸미거나 만들지 않은 자연의 순리에서 우러나오는 아름다움이라는 것이다.

그러한 아름다움이야말로 각기 신분에 구애받지 않는 아름다움이기에 예술을 사랑하고 자연과 교감을 나누는 시인들의 감성에서는 기쁨이나 행복으로 받아들일 수 있는, 가능한 것이라면 더 바랄 수 없는 최고의 행복이 될 것이다.

다이아몬드가 귀한 보석이라는 것은 누구나 다 알고 있는 사실이다. 그러나 다이아몬드는 그 자체로 아름다움을 느끼기에는 무언가 모자람이 있다. 그 첫째는 세공이라는 인위의 때가 묻어 있기 때문이고, 나아가면 누구나 함께 할 수 없다는 것이다.

그러나 자연의 품속에서 다이아몬드 이상의 찬란한 아름다움의 자태를 드러내는 영롱하고 맑은 이슬이야말로 햇살이 투과할 때 나오는 오색 빛은 신분의 고하도 없으며, 부(富)와도 무관하며, 아무런 방해도 받지 않는다. 그대로 자연과 함께 하는 그런 아름다움이기에 자연으로 한 발짝 다가서면 설수록 더욱 아름답게 받아들일 수밖에 없게 되는 것이다.

그러므로 여기서 '이슬'의 의미를 다시 생각하게 되는데, '흐르는 물과 피는 꽃'이 현상계라면 '맑은 이슬'은 현상계를 벗어났다. 현상계가 취할 수 있는 기득권층의 자리라면, 이슬을 보는 순간 현상계로부터 초월함으로 해서 비록 기득권에서 멀리 떨어져 있다 하여도 마냥 소외되고, 마냥 외롭고, 쓸쓸함만 있는 그런 삶은 아니라는 것을 시인은 말하고 있는지도 모른다.

구름 걷힌 가을 하늘

운권추공월인담 雲捲秋空月印潭
한광무제여수담 寒光無際與誰談
활개투지통천안 豁開透地通天眼
대도분명불용참 大道分明不用參

— 예장 종경(豫章宗鏡)

구름 걷힌 가을 하늘 달빛이 못에 어리니
찬 빛은 끝이 없어 누구와 함께 얘기 나눌까.
천지를 꿰뚫는 안목 활짝 열리니
대도는 분명하여 참구할 일이 없어라.

구름은 본시 실체가 없는데 늘 실체인 양 드러나니 맑은 창공을 더욱 창명하게 만든다. 창공은 본시 창공인가? 달은 또 무엇인가? 연못은 가장 낮은 자리를 차지하고서 가장 높고 밝은 빛을 받아 삼키니 연못이 깊은 만큼 그 도리가 짐작할 만하구나.

찬 빛이 여과 없이 투광함을 뉘라 쉬이 알겠는가? 아는 놈 찾기도 쉽지 않고, 설사 찾는다 해도 그놈이 이 도리를 알까 보냐? 아는 놈은 낙

수(落水) 소리에도 아는데, 모르는 놈은 손에 쥐어 줘도 모른다. 아는 것은 무엇이며, 모른다는 것은 또 무엇이랴. 본시 안다는 것도 아는 것이 아니고, 모르는 것 또한 아니올시다.

세상은 예나 지금이나 한 티끌도 바뀜이 없는데 사람들이 스스로 착각에서 깨지 못하여 세상이 변했다고 여길 뿐이다. 이것이야말로 눈 둘 지니고 눈 한 개 달고 사는 곳을 가지 말아야지, 가서 왜 후회할 일 만들까 보냐?

세상을 바로 보면 청천(晴天)이요, 바로 보지 못하면 그대로 안개며 구름이 아니던가. 다만 천 리 길도 한 걸음에서 비롯하듯이, 하나를 바로 알 것이지 둘을 넘으려 들지 말아야 한다. 그렇게 될 때에 푸른 것은 푸른 대로, 붉은 것은 붉은 대로, 적나라(赤裸裸) 적쇄쇄(赤灑灑)가 되며 경계에 나타나도 경계에 넘어가지 않는다. 이것이 경계를 바로 보는 통천안(通天眼)이니, 산은 산이요 물은 물이로다(山是山水是水).

함허 득통(涵虛得通) 스님은 〈설의(說誼)〉를 통해 읊기를,

약사공월불인담 若使空月不印潭
기위한광광무변 豈謂寒光廣無邊
조천조지함만상 照天照地含萬像
무궁차미여수담 無窮此味與誰談

단어정문능구안 但於頂門能具眼
갱향하처멱현종 更向何處覓玄宗

만약 허공의 달이 못에 어리지 않으면
어찌 찬 빛이 넓고 끝없음을 말하겠나?
하늘을 비추고 땅을 비춰 만상을 삼켰는데
무궁한 이 맛을 누구와 함께 이야기할까.
다만 이마에 눈(眼)을 갖추었으니
다시 어느 곳을 향해 현종(玄宗)을 찾을 수 있으리오.

* 예장 종경(豫章宗鏡. 생몰 연대 미상) : 송나라 사람. 32분 금강경을 많이 강설한 것으로 보나, 금강경오가해의 주석서를 단 것으로 보나 금강경에 능하다고 할 수 있으며, 명나라 가정 30년(1551) ≪당 연서≫에 의하면, "종경 선사는 나한(羅漢)의 한 분으로 자비와 지혜가 넓다."라고 표현한 대로 뛰어난 선승이라 여겨진다.

* 함허(涵虛) 스님(1376~1433) : 조선 초기 충북 충주 출신, 법호는 득통(得通), 당호는 함허(涵虛), 본관은 충주(忠州), 속성은 유(劉), 이름은 수이(守伊). 1396년(태조 5년) 21세 때 관악산 의상암(義湘庵)으로 출가했고, 경기도 양주 회암사(檜巖寺)에서 무학(無學)에게 법을 들었다.

관동행(關東行)

세월여유수 歲月如流水
흥망약거홍 興亡若去鴻
고음천지외 高吟天地外
산해동흉중 山海動胸中
— 서산대사

세월은 흐르는 물 같고
흥망은 가 버린 기러기 같구나.
천지 밖 소리 높여 읊나니
산과 바다가 가슴속에 일렁이네.

세월을 흐르는 물에 비유했다. 흐르는 물은 끊임이 없어서, 잠시도 멈추지 않고 가는 시간이며, 또한 한 번 흘러간 물이 다시 돌아오지 않음도 세월과 같다.

우리에게 세월은 무엇이며, 시간은 무엇인가? 세월의 흐르는 시간을 잠시라도 멈추게 할 수 없으니 이 어찌 무상하다 하지 않겠는가? 그러해서 옛사람들이 세월을 두고서, "생각, 생각 머물지 않으니, 명을 가히 연장할 수 없고 때가 사람을 기다리지 않는다."라는 말로 인생을 노래

했었다.

　서산대사는 세월을 읊는 것이 자신의 현실을 비유한 표현이라고 여겨진다. 그 자신이 국운이 기우는 그 시절에 묘향산(妙香山)의 한 산중 대찰의 어른이면서 안으로는 배불(排佛)에 따른 문제를 해결해야 했고, 밖으로는 왜구로부터 나라를 어떻게 지켜야 할 것인가를 고뇌했으리라 짐작한다.

　흥하고 망하는 것이 마치 기러기 같다 함도 그 시절 국운(國運)의 위태함에서 표현했으리라 여겨진다. 바다 건너 왜구들은 신무기인 조총을 들고 우리의 강산을 짓밟으며 조여 오는데, 낡은 칼과 창만을 가진 조선의 백성들이 그들을 막는 일이 얼마나 힘들었는가는 역사에서 잘 증언하고 있다.

　기러기는 철새다. 철새는 한 자리에 오래 머물지 않는다. 먹이를 찾고 그곳에 머물다가도 잠을 잘 때가 되면 다시 날아서 이동을 한다. 날 때는 인도하는 기러기의 방향 지시에 의하여 줄을 지어 함께 날다 언제 다시 흩어질지도 모르는 변화무쌍하기 짝이 없는 새가 바로 기러기다. 이러한 기러기에 흥망을 비유한 것은 언제 자리를 박차고 날지 모를 기러기가 바로 그 시대 그 시절의 모습이리라 생각한다.

　스스로 천지 밖을 향해서 소리를 읊는다는 것 역시 자신이 득력(得力)

한 깨달음을, 가까이는 나라를 구하고, 나아가 만 중생들에게 회향하고픈 마음이 서려 있음을 보이는데, 그것은 '산과 바다가 가슴속에 일렁인다.' 라는 표현으로 짐작할 수 있다.

그는 '산과 바다가 가슴속에 일렁인다.' 라는 표현에서도 알 수 있듯이 분명 큰 깨달음을 얻은 시대의 선승이라 여겨진다. 그는 전등, 염송, 화엄 등 모든 불교의 경전을 섭렵했으며, 조사관(祖師關)을 타파해 임제(臨濟)의 선풍을 이은 부용 영관(芙蓉靈觀)의 법을 이었다. 그는 30대의 젊은 나이에 선교양종판사에 올랐지만, 그런 직책이 수행자가 갈 길이 아니다 하여 스스로 자리를 던지고는 묘향산과 금강산을 오가며 수행에 몰입했다.

그는 누구보다도 뛰어난 당대의 선승임에도 불구하고 인생의 무상함을 많이 읊었던 분이라 할 수 있다. 그것은 그 시대상이 반영되기도 하겠지만 그가 남긴 시에서 세월, 철새, 꿈 등을 읊은 것에서 알 수 있다. 그가 금강산 미륵봉 아래에 암자를 지어 살던 어느 날, 문득 깨달음의 선열(禪悅)에서 '주인은 손에게 제 꿈을 말하고 / 손도 주인에게 꿈을 말하니 / 이제 두 꿈 이야기를 하는 나그네 / 이 또한 꿈속의 사람이라네 (主人夢說客 客夢說主人 今說二夢客 亦是夢中人).' 라는 시는 너무도 유명하다.

* 서산대사(1520~1604) : 속명은 최여신(崔汝信), 본관은 완산(完山), 자는 현응(玄應), 호는 청허(淸虛), 법명은 휴정(休靜). 묘향산에 오래 머물렀기 때문에 묘향산

인(妙香山人) 또는 서산대사(西山大師)로 불린다. 임제의 선풍을 이은 부용 영관의 법을 이었다. 저서로는 ≪선가구감≫, ≪청허당집≫ 등이 전해 내려온다.

* 부용 영관(芙蓉靈觀. 1485~1571) : 벽송 지엄(碧松智嚴)으로부터 심법(心法)을 얻었다. 법명은 영관(靈觀), 당호는 부용(芙蓉), 자호는 은암선자(隱庵禪子)·연선도인(蓮船道人). 서산대사의 법사.

* 묘향산(妙香山. 1,909m) : 우리나라 5대 명산 중의 하나로 보현사와 서산대사로 유명하다. 또한 세계적으로 유명한 명산이다.

고향 그리워

　　고국귀미득 故國歸未得
　　차일의하상 此日意何傷
　　독좌수변초 獨坐水邊草
　　수유춘일장 水流春日長

　　아직 고향에 가지 못하고
　　이런 날이면 가슴이 아파 오네.
　　홀로 수초 가에 앉았는데
　　물은 흐르고 봄날은 길어

　떠나 보지 않으면 알 수 없는 것이 무엇일까?
　한 번 집 떠나 보라, 더욱이나 출가(出家)를 했다는 상상만이라도 기약 없는 떠남이 아닌가. 출가자는 심원(心源)을 알기까지는 절대로 집으로 돌아갈 수 없을 것이다. '이 날 마음이 아프다' 라는 것은, 이 날이 무슨 날인지, 어떤 의미를 가지는지 알 수는 없다. 다만 출가한 스님이 깨닫지 못하고 세월만을 보낸 것이 안타깝다고 여길 수도 있지 않을까 하는 정도의 생각을 할 뿐이다.

'물가 수초를 깔고 홀로 앉아'를 생각하면 '아!' 하는 감탄사, 그리고 '외로이', '고독하다'는 등의 생각을 떠올릴 수 있을 것이다. 공문(空門)에 들어와 덧없는 시간은 지체하지 않는다. 깨달음의 그 언저리는 보이지 않고, 고향을 멀리하고 차갑게 이별한 부모 형제를 생각하면 가슴은 더욱 미어져서 불꽃에 몸을 던지고 천 길 절벽이라도 뛰어내리고 싶을 것이다.

흐르는 물이 세월이라면 봄날은 무엇인가? 세월은 끊임없이 흘러서 '유수와 같다' 하지 않던가? 이런 날에 봄날이 길다는 것은 봄은 희망도 되지만 일 년 중에 먼저 시작되는 계절이다. 그렇게 보면 처음 발심한 원력이 너무 길어진다는 의미도 될 수 있고, 또한 '봄날의 아지랑이'라는 말처럼 나른한 햇살이 무한히 비춰지기에 나른하고 무기력한 순간이 길어짐을 말하는지도 알 수 없다.

동산 양개(洞山良价) 스님은 집을 나올 때 홀어머니에게, "대법(大法)을 밝혀 자친에게 보답하고자 하니 모름지기 눈물을 뿌리면서 자주 생각하지 마시고 애초 이 몸이 없는 것 같이 생각 하소서."라 했다.

이 시를 지은 저자도 출가한 스님으로서 소종(昭宗. 889~903) 때 홍주(洪州)의 승정(僧正)으로 시에 능하다고만 되어 있지 다른 기록을 찾을 수 없었다. 다만 시대가 당 말기로 시, 서, 화로 유명한 관휴(貫休)와 친교가 있다는 정도이다.

새 우는 산 개울

인한계화락 人閑桂花落
야정춘산공 夜靜春山空
월출경산조 月出驚山鳥
시명춘간중 時鳴春澗中

— 왕유(王維)

사람은 한가로운데 계수나무 꽃은 떨어지고
깊은 밤 텅 빈 봄 산
달빛에 놀란 산새
때때로 봄 개울을 울리네.

'사람은 한가로운데' 참 좋다! 원래 산에서 사는 무위도인(無爲道人)이 바로 '인한'이고, '한인'이 아닌가? 더 이상 바람도 구함도 없는, 그저 무위자적(無爲自適)한 삶을 사는 그 경지가 도인(道人)의 경지요, 한 소식 일 마친 사람이 아니고 무엇이랴.

세상이 변하건 말건 세상 밖의 인간들이 서로 싸우거나 말거나(人我爭爭) 개의치 않아야 진정 한도인(閑道人)이요, 한가한 사람이라 할 것이다.

여기서 '계수나무 꽃은 떨어지고' 했는데 계수나무란 달 속에 나오는 나무로서, 달이 무엇인가? 달이란 때가 오면 보이는 것이지만, 예전부터 달은 모든 인간들의 꿈이고 희망이 담겨 있는 대상이었다. 중국 설화에서 나오는 이야기지만 남편의 불사약을 훔쳐 달 속의 여인, 달 속의 여신이 되어 버린 항아(姮娥)는 오늘날 흔히 일상으로 쓰는 '항아리'가 되었는지도 모른다.

왕유 시인 스스로가 밤이 깊어 정적(靜寂)마저 잊은 무심의 경지가 아니고서야 어찌 현상 속에 있으면서 현상을 망각한 듯 이런 시상(詩想)을 떠올릴 수가 있을까, 하는 의구심이 들 수 있다.

불교의 상용영반(常用靈飯)에 나오는 마음자리를 드러내는 '신령스러운 성품을 깨닫는 것은 묘해서 사유하기 어려워, 달이 가을 못에 떨어져 계수나무 그림자 차다(靈明性覺妙難思. 月墮秋潭桂影寒)'라고 표현한 것처럼 봄 산 밤 깊은 산골 물가에서 한 경지를 넘은 마음자리를 드러내 보이는 듯하다.

봄 산에 밤도 깊을 때로 깊었는데 공(空)을 말하고 있으니 공이 무엇인가? 흔히 표현하기를 텅 비었다 하지 않던가. 왕유가 말하는 현재의 공은 봄 산, 정적 드리운 밤, 개울 물소리, 그리고 산새 지저귀는 소리 등 이 모든 것들이 자신과 하나 됨을 표현하고 있다고 볼 수 있다.

'달빛에 놀란 산새'를 표현한 것은 선적(禪的) 표현의 극대화로서 어린아이가 꿈속에서 무지개를 타고 놀았던 기억을 현실로 받아들이는 것과 같은 순수 그 자체이면서, 이곡(李穀)의 시 〈은월봉〉에 나오는 '흰 구름 뭉개 뭉개 은하수 가리고, 찬 달 손 계수나무 꽃으로 가득하네.……' 라고 표현한 것들이 연상(聯想)이 된다. '때때로 봄 개울 산새들 울고' 라는 대목에서는 시인이 잠시 초월적 자아에서 여행을 하다 아무 탈 없이 본가로 돌아온 듯하다고 볼 수 있다. 이는 도(道)를 좇아서 무작정 산에 들어간 사람이 처음에는 산을 산으로 보지 않다가 어느 때가 되어 산을 산으로 바로 보는 것과 같아서 마치 성철 스님이 '산은 산이요, 물은 물이로다.' 라고 표현한 것과도 같은 경지가 바로 이런 경지가 아닐까?

* 왕유(王維. 699~759) : 시인. 남종화의 시조. 맹호연, 위응물, 유종원 등과 함께 당의 자연을 노래한 시인으로 명망이 높음.

산중에 무엇이 있기에

산중하소유 山中何所有
영상다백운 嶺上多白雲
지가자이열 只可自怡悅
불감지증군 不堪持贈君

― 도홍경(陶弘景)

산중에 무엇이 있기에
영마루에 구름이 가득해서
다만 스스로 기쁠 뿐
이 기쁨을 그대와 함께 하지는 못하네.

  산에 오르는 사람은 그냥 산에 오를 뿐, '구름이 있어 좋다, 푸른 산이 좋다, 계곡 물소리가 좋다, 산새 소리가 좋다.' 라고 말할 수도 생각할 수도 있겠지만 그보다는 '그냥 산이 좋아 산에 오른다.' 는 이 한마디가 산에 오르는 모든 것을 함축하는 것처럼 산을 오르는 데 '무엇 때문에, 왜!' 이런 것은 필요하지 않을 것이다.
  간혹 산을 오르는데, 오르다 보니 더 많은 산을 찾고 더 높은 봉우리를 오르려는 사람들이 있다. 그런 사람을 보면서 어떤 사람들은 왜 힘들고 고단한 일을 만들어 하는가? 또한 산에 가면 무엇이 있어 그렇게 산을 좋아하나? 하는 말을 걸어 올 수도 있지만 산을 좋아하고 산에 머물기를 좋아하는 사람은 그냥 산에 머물 뿐이지 이것저것 따지고 논하고 하지 않는다.

그래서 어떤 유명 산악인이, "어차피 내려올 산을 왜 올라가나?"라는 물음에, "어차피 배설해야 하는데 왜 먹느냐?"라고 답했다는 소리를 듣고 웃었던 기억이 난다. 물론 산에 오르는 것과 생존이 걸려 있는 음식을 비유함은 적절하지 않을 수 있다. 하지만 우리들이 진정 먹기 위해서 사는 것이 인생이라 말한다면, 그는 슬픈 인생을 사는 사람이라 말할 수밖에 없다. 인생에 있어서 먹는다는 것이 중요한 줄 모르는 사람은 없을 것이다. 만약 인생의 모든 것이 오직 먹는다, 산다, 여기에 포커스를 맞춘다면 인간은 인간만이 가질 수 있는 아름다운 꿈, 이상은 없다. 꿈이나 이상이 없는 인생을 생각한다면 숨이 멎을지도 모른다.

오래전 읽었던 장자(莊子)의 글이 생각난다. 우리들 얼굴에 보면 중요한 역할을 하는 부위가 많이 있는데, 입은 아래쪽에 있다. 살기 위해서는 먹어야 하는데 그 먹는 창구가 바로 입이다. 또 위로 올라가면 눈이 있는데 눈 역시 중요하다. 상상해 보라, 눈이 없고서 앞을 볼 수 있겠는가? 또 눈 밑이요 입 위에 있는 코는 어떤가? 코가 하는 역할도 중요한데 만약 코가 없다는 상상을 한다면 역시 끔찍한 일일 것이다. 그러나 그런 중요한 역할이 아니면서 가장 위에 위치를 자리 잡고 있는 것이 있으니 그깃이 눈썹이다. 그래서 눈썹에게 어째서 입이나 눈, 코, 귀처럼 중요하지 않으면서 어찌 가장 높은 상석에 있느냐 하고 물으니, "나도 모른다. 다만 조상대대로 이 자리를 지켰을 뿐이다."라고 눈썹이 대답한 말처럼 산에 오르는 사람은 그냥 산이 좋아 산을 오르는 것이지, 산에 가면 무엇이 좋고 무엇이 안 좋다 하는 생각을 하지 않는다는 것이다.

산이란 단순히 운동을 위해서만 간다면 그렇게 위험하고 많은 시간을 요하지 않고도 얼마든지 운동할 수 있다. 그러기에 산에 무엇이 있어서……무엇을 얻을 수 있어서 등의 생각을 한다면 그런 사람은 산을 오르지 않는다. 사실 산에 가면 먹을 것을 준비해야 할 정도로 먹을 것이 없다. 물론 산에는 산나물도 있고, 가끔은 산열매, 산뽕이나 산머루 등이 있긴 하지만 그런 것을 먹을 것이 있다고 말하긴 좀 그렇다. 분명한 것은 도홍경이 말하였듯이 영마루에는 구름이 있고 계곡에는 물이 있고 산새가 있을 뿐이다.

여기 소개되는 시는 도홍경이 어려서 총명했고 또 그런 계기가 일찍이 궁중에 들어가 왕자의 교육을 담당한 이력이 말하듯 임금과의 소통이 가능한 그런 사람이라고 보았을 때, 기록적으로 임금의 조서(詔書)가 그에게 가서 서간을 보였는데 '산중에 무엇이 있기에' 라는 글귀를 대하고 그 글귀에 대한 답서 형식으로 나머지 5자 3행을 붙인 것이다.

* 도홍경(陶弘景, 452~536) : 중국 남조 때 양나라의 도사(道師. 도교 사상가)이다. 자

는 통명(通明), 호는 화양 은거(華陽隱居). 저서로는 ≪진고(眞誥)≫, ≪등진은결(登眞隱訣)≫이 있다. 그는 양나라 무제의 친구이자 조언자이기도 하는데 어느 날 난징의 남동쪽 구곡산(九曲山)에 들어가 칩거하면서 도교에 심취하여 도교의 문헌을 정리하며 그의 가족들과 함께 그곳에서 여생을 보냈다.

정심품(淨心品)

문수보살 법문

약인정좌일수유 若人靜坐一須臾
승조항사칠보탑 勝造恒沙七寶塔
부탑필경쇄미진 寶塔畢竟碎微塵
일념정심성정각 一念正心成正覺

만약 어떤 사람이 잠시나마 고요히 앉아 좌선한다면
갠지스 강 모래만큼 보탑을 짓는 것보다 더 수승(殊勝)하다.
보탑은 끝내 부서져 티끌이 되지만
한 생각 바른 마음은 정각(깨달음)을 이룬다.

'정좌(靜坐)'란 고요한 경계에 머문 것으로서 그대로 성성삼매(惺惺三昧)다. 성성삼매란 깨어 있되 요동하지 않으며, 요동하지 않으면서 요동을 한다. 이것은 한 생각을 쉰 상태로 이 분상(分相)에서는 일체가 고요해서 그 어떤 경계도 이를 침범하지 못하리라.

그러므로 갠지스 강의 모래만큼이라고 보탑의 공덕을 말하지만, 그것도 부족하다. 모든 현상은 내가 있고 내가 깨어 있을 때 그것의 가치가 존재하는 것이지, 내가 깨어 있지 못하면 그 어떤 것도 무용지물에 불과하다는 것이다. 그래서 부처님께서 금강경(金剛經)에서 수보리에게, "수보리야. 동방의 허공을 짐작하겠는가?"라고 묻고, "모르겠습니다." 대답하니 부처님께서는, "공덕이 그와 같다."라고 말씀하셨다. 이것은 금강경을 읽거나, 사구경(四句經) 등을 수지 독송을 하면 그 공덕이 허공에 비유할 정도로 크다는 것을 비유해 말한 것으로, 인간에게 있어서는 정신이 얼마나 중요한 것인지를 잘 보여 주는 것이라고 할 수 있다.

물질이란 영원성이 없어서 언제인가는 없어지지만, 인간의 오롯한 정신은 영원해서 정각(正覺)을 이룰 수 있다. 때문에 이것을 떠나 그 무엇도 이에 비준할 수 없다.

오늘 우리의 모습은 어떤가? 물질을 추구하다 못해 물질의 노예가 되지 않았다고 할 수 있겠나? 이렇게 물질에 빠져 오염된 오늘의 우리들 모두에, "잠시나마 고요히 앉아 선의 삼매에 드는 그것이, 일곱 가지 보석으로 갠지스 강의 모래만큼 보탑을 쌓는 것 보다 낫다."는 이 말씀 한마디가 오늘 우리들의 물질 위주에 치닫는 현실에 한 줄기 시원한 청량감이 되지 않을까 한다. 그것은 앞서 언급한 대로 물질은 영원성이 없다. 그렇기에 오직 영원한 것은 정신뿐임을 강조한 것이다.

여기 이 게송(偈頌)은 대력 2년(767) 5월 어느 날, 오대산에 문수보살(文殊菩薩)이 화현(化現)한다는 소리를 듣고 문수보살을 친견하기 위해 무착(無着) 스님이 오대산(五臺山) 화엄사(華嚴寺)에 갔다가 동자를 만나 동자로부터 들은 게송이다.

　오대산에는 동대와 북대 사이에 누관골이 있는데, 그 골짜기에 금강굴이 있다. 그곳에 문수보살이 자주 출몰한다는 소식을 듣고, 무착이 그곳에 이르자 한 노인이 무착을 향해, 어디서 왔느냐 물었다. 무착은 문수보살을 친견하려고 왔다는 이야기를 했다. 그러자 노인이 앞을 서서 길 안내를 하고 무착은 뒤를 따랐는데, 어떤 절에 다다르니 동자가 안내를 해서 법당 안으로 들어갔다. 법당은 황금색 단청으로 되어 있었는데 그곳에서 유리잔으로 차 한 잔을 대접받았는데, 무착이 노인에게 하룻밤 유할 수 있겠느냐 하니 노인은 허락하지 않았다.
　동자의 안내를 받아 다시 왔던 금강굴 입구까지 내려오자, 동자가 말하길 조금 전에 들렸던 절이 반야사(般若寺)라고 말하면서 위와 같은 게송을 읊어 주었다.

　무착은 동자에게 고맙다는 인사를 하자, 동자의 모습도 반야사도 보이지 않았다. 보이는 것이라고는 황량한 바위들 뿐. 노인을 처음 만난 그곳은 흰 구름만이 가득한데 그때 문수보살이 큰 사자를 타고서 많은 권속을 거느리고 있는 모습을 보이더니 갑자기 동쪽의 검은 구름이 솟아올라 그 모습이 사라졌다.

　문수보살은 지혜를 상징하는 보살이다. 불교에서 문수를 상징하는 또 다른 모습이 사자(獅子)다. 사자 역시 빠른 동물이면서 백수의 왕이라 불릴 정도로 영리하다. 또 용이 문수를 상징한다. 이것을 다르게 표현하면 '지혜'를 뜻한다.

* 무착 문희(無着文喜. 821~900) 스님 : 속성은 주(朱)씨고 가화(嘉禾) 어계(語溪)에서 7세 때 상락사 국청 선사를 스승으로 출가를 해서 경전과 계율을 배웠는데 회창(會昌)의 법난을 만나 잠시 몸을 피해 환속하였다가 당 선종 대중 초년에 칙령으로 불교에 내려졌던 탄압이 풀리자 재봉사로 재 출가했다. 뒤에 앙산 혜적(仰山慧寂)의 법을 이었다.

처하는 곳에 주인이 되라

입처개진 立處皆眞
수처작주 隨處作主

— 임제(臨濟)

서 있는 그 자리가 다 진실되다.
처하는 곳마다 주인이 되다.

이것은 선의 황금시대를 연 임제 의현(臨濟義玄. ?~867) 스님의 말씀이다.

"어느 곳에든 스스로 주인이 된다면, 서 있는 그 자리가 다 참되다." 라는 뜻으로 한 말이다.

그러나 나는 순서에서의 의미보다는 보다 본질적 의미에서 이해하고자 한다.

우리의 마음이 중요한데 마음의 문이 열리면 모든 현상계가 차별이 없어서 그대로 진실하다. 마치 크고 둥근 거울(大圓鏡) 앞에서는 성글고 가까움이 없어서 붉은 것은 붉은 대로, 흰 것은 흰 대로의 모습 그것이 '입처개진' 이 아니고 무엇이겠는가?

"어느 곳에 처하든 주인이 되라."는 수처작주 또한 스스로의 경계가 중요한데, 스스로의 경계의 문이 열리면 가는 곳마다 주인이 된다. 이것은 내가 주인이라는 것을 내세우는 주인과는 다르다. 내가 내세우는 주인이 통속적이고 세속적이라면, 여기서 말하는 주인은 마음의 문이 열린 사람, 즉 마음의 경계가 없는 사람이다. 이런 사람은 어디에 처하든 그는 스스로 주인이라 할 수 있다.

어떤 사람은 가는 곳마다 주인이 되지만, 우리의 주변을 살펴보면 가는 곳마다 머무는 곳마다 언제나 나그네가 되고, 스스로 객 신세를 면하지 못하고 사는 사람이 있다. 마치 누가 오라 가라 하지 않는데, 비 오는 날 비 맞고 그린에 서 있는 갤러리(gallery)처럼. 그것은 간단히 말하자면 주인처럼 살기를 싫어해서 마치 어떤 일이 발생해도 강 건너 불구경하듯 해서 관심을 두지 않고 살기 때문이다. 그런가 하면 다른 사람이 하는 일은 무조건 비판하는 입장으로만 본다는 것이다. 그렇게 부정적인 사람이 어찌 남의 사표(師表)가 될 것이며 많은 사람들을 이끄는 위치에 설 수 있겠는가? 적어도 남의 잘잘못을 지적하려면 스스로는 그보다 더 성실한 삶과 책임감이 따라야 할 것이다.

이 글의 어원(語原)은 출세간의 수양하는 곳이지만, 이 글이 전하는 힘은 천년을 훌쩍 뛰어넘어도 받아들여야 할 정도로 뜻이 깊은 것은 인간의 심층(深層)을 보고 말하기 때문이 아닌가 한다.

임제록에선, "함께 도를 닦는 여러 벗들이여! 불법은 인위적인 꾸밈이 필요하지 않다. 꾸밈이 없는 일상의 자유로움과 있는 그대로의 삶이 본래의 불법(佛法)이니 화장실에 가고 옷을 입고 일을 하며 밥을 먹으며 피곤하면 쉬는 것이다. 어리석은 사람은 알지 못하고 웃지만, 지혜 있는 사람은 꾸밈없는 일상의 소중함을 안다. 옛사람도, '밖을 향하여 공부를 짓는 일은 어리석은 것이다. 밖에서 끌어온 것은 언젠가는 모두 흩어지고 떠날 것이니 오직 자신의 마음에서부터 진실의 눈이 깨어나야 하는 것이다.'라고 이르지 않았는가? 함께 도를 닦는 여러 벗들이여! 어느 곳에서든 주체가 된다면 서는 곳마다 모두 참될 것이다(隨處作主 入處皆眞). 어떠한 경계에서도 잘못 이끌리지 않을 것이다."라는 말로 진실 되고 꾸밈이 없는 그대로의 참모습을 강조하고, 마음에서의 진실, 그것이 참 수행자임을 강조하고 있다.

보고 보고 (見見)

견불급처 見不及處
강산만목 江山滿目
부도섬호 不覩纖毫
화홍유록 花紅柳綠
군불견 君不見
백운출몰본무심 白雲出沒本無心
강해도도기영축 江海滔滔豈盈縮

견(見)이 미치지 못하는 곳에
강산이 눈앞에 가득하고
털끝도 보지 못하나
꽃은 붉고 버들은 푸르다.
그대 보지 못하였나?
백운이 들고 나옴이 본래 무심이라,
강물이 도도히 흐르는 것, 어찌 줄고 넘치랴.

'견'이란 본다는 것으로, '보는 것이 미치지 않는 곳'에 '강과 산이 눈앞에 가득하다'라는 것은 이것이 선시(禪詩)라는 것을 감안해야 이해가 되지, 그렇지 않으면 언어 자체는 역설(逆說)적이기 때문에 그 자체로 이해가 될 수 없어서, 보면 보는 것이고, 안 보면 안 보는 것이지 무엇이 보는 것이 미치지 못한다 말할 것인가?

강산 또한 눈으로 보니 강산이지, 눈으로 보지 않고 강산을 말할 수 없는 것이다. 여기서는 눈으로 보아도 보지 않는 그런 곳에 '눈앞에 강산이 가득하고' 하니 이것은 좁은 안목으로는 아무리 다 본다 하여도 다 볼 수 없음을 말하는 것이며, 그래서 좁은 안목으로 이렇고 저렇고 판단하기에 앞서 마치 구름 흩어지면 그대로 본래 모습 그대로 드러남을 말한다 할 수 있을 것이다.

그래서 '한 티끌 보지 못하나, 꽃은 붉고, 버들은 푸르다' 라고 표현했다고 여긴다. 이것을 다른 표현으로 하자면 '한 티끌도 건들지 않고 온 강산을 다 얻었다' 할 것이다. 이는 함허(涵虛) 스님의 ≪오가해(五家解)≫〈설의(說誼)〉에서 '대 그림자가 섬돌을 쓸어도 티끌 하나 움직이지 않고, 달이 연못을 뚫어서도 흔적조차 없구나.' 라는 표현과 같은 것이다.

'그대 보지 못했는가?' 라고 자문(自問)하듯 '백운이 들고 나옴이 본래 무심이라, 강물이 도도히 흐르는 것, 어찌 줄고 넘치랴.' 하였는데, 백운이 무엇인가? 실체가 없지 않느냐. 구름은 근원적으로는 습(濕)이 될 것이다. 그래서 물을 두고 '근원이 없다, 실체가 없다' 하지 못하는 것처럼, 순간적으로 아지랑이처럼 피었다가 바람 따라 떠돌다 흔적조차 없이 사라지는 것이 구름이다. 이러한 구름을 보고 '실체를 보았다' 할 수 없지 않느냐? 그래서 도도히 흐르는 강물이 줄고 넘친다 할 수 없음을 말하지 않는가 하는 생각을 해본다. 결론적으로 보아도 본 것이 아님을 볼 것이며, 보았다면 바로 보아야 할 것이다. 나의 스승이신 경산(京山) 스님은, "준마는 채찍의 그림자를 보고 달리지만 둔한 말은 채찍을 맞고서야 달린다."고 하셨다.

이 송(頌)은 ≪선문염송(禪門拈頌)≫ 제2권 50칙 〈見見〉에 대한 견해로, ≪능엄경(楞嚴經)≫에 말씀하기를, "'견(見)'을 볼 때 '견'은 '견'이 아니다. '견'은 '견'까지도 여의었으므로 '견'까지도 미치지 못한다." 하였다 하는 데서 해인신(海印信)이 견해(見解)를 밝힌 것이다.

주리면 먹고 곤하면 자라

반래개구 수래합안 飯來開口 睡來合眼
― 금강경오가해(金剛經五家解) 야부(冶父) 선송(禪頌)

밥이 오면 밥 먹고 잠 오면 잠잔다.

"밥이 오면 밥 먹고, 잠 오면 잠잔다." 다른 말로 표현하자면, "주리면 먹고 곤하면 잠잔다." 이 말의 뜻만 보면 일체의 경계를 뛰어넘은 시어(詩語)이자 선어(禪語)가 된다. 그러해서 선사께서는 도를 구하는 수행자이건 인생의 참된 행복을 구하는 사람이건 세상을 바라보는 것, 세상사 모든 것, 아니 일체를 바로 보라는 강한 메시지를 전한다고 할 수 있다.

바로 보지 못해서 굴곡이 지면 갈등과 번뇌가 일 수밖에 없다. 그러나 있는 모습 그대로 보고 그대로 받아들이면 그것이 곧 '산은 산이요, 물은 물이다(山是山水是水)'라고 한 것처럼 모든 것은 편해진다. 이렇게 될 때 무슨 시(是)와 비(非)가 붙을 것이며, 미(美)와 추(醜), 높낮이가 있겠는가? 그저 곤하면 두 다리 쭉 뻗고 자면 되는 것을…….

그러나 주리면 먹고 곤하면 잠잔다는 것은 참 편하고 편리한 말도 된다. 하지만 도의 분상(分相)에 들어서면 이것이 쉽지 않아서, 한 소식을 했을 때는 가능하지만 그렇지 못한 사람은 이래 걸리고 저래 걸리게 된다. 진정으로 일체의 걸림이 없는 사람이 되려면 일체의 진애(塵碍)로부터 벗어나야 할 것이다. 진애로부터 벗어나려면 일체의 경계에 끌려가지 않아야 하고, 끌려가지 않으려면 일체의 경계로부터 자유로워야 한다. 자유로워지려면 마음을 쉬게 되면 된다. 그렇게 되었을 때 당신은 진정 한도인(閑道人)이라 할 것이다.

"마음을 쉬다." 이 말은 편하게 쓸 수 있는 말은 아닌 것 같다. 마음을 쉬려면 현상에서의 집착을 떠나야 하는데, 현상에서의 집착을 떠난다는 것은 쉽지가 않다. 마치 한창 권력의 맛에 취해 있는 사람에게 어떤 실수를 빌미로 그 자리를 내놓으라 한다면 그 당사자는 죽기보다 싫을 수 있다. 그는 일생을 오직 그 자리를 목적으로 거기까지 왔는데 그 자리에서 내려오는 것은 곧 죽음과도 같을 수 있기 때문이다.

어떤 스님은 말하길, "'무소유'는 소유하지 않는 것이 아니라 필요하지 않는 것을 취하지 않는 것이다."라고 하였는데, 사람들이 말하는 '쉬어라', '마음을 쉰다', '놓는다' 등은 하던 일 다 집어치우라는 것은 아니라고 본다. 어떻게 하던 일 다 집어치우고 살 수 있단 말인가? 적어도 지나친 집착은 않는 것보다 못한 것처럼 집착에서 좀 떨어지라는 것이요, 욕심을 좀 줄이라는 것으로 받아들여야지, 갑자기 '무엇을 다 놓고', '무엇을 다 버렸다' 할 것인가? 본래 버리고 취함도 없는 것이다. 버린다, 취한다, 마음을 비웠다 등등은 말장난에 지나지 않고, 언어유희(言語遊戲)에 불과하다.

외로이 배 위에서 사람을 기다리다

천척사륜직하수 千尺絲綸直下垂
일파재동만파수 一波纔動萬波隨
야정수한어불식 夜靜水寒魚不食
만선공재월명귀 滿船空載月明歸

— 화정(華亭) 선사

낚싯줄을 멀리 드리웠다.
한 물결 일어나니 만 물결이 따라 이네.
고요한 밤, 물이 차서 고기는 물지 않고
허공 가득히 실은 배는 달이 밝아서야 돌아온다.

물결은 옅게 떨 듯이 가늘게 출렁이는데 저만치 앉은 강태공의 낚시 방울 멀리 드리우면 낚시 방울 떨어지는 소리에 놀란 듯, 원심을 그리며 한 물결이 일렁이고 한 물결 일렁이자 만 물결이 따라 일렁인다.

누가 그를 낚시꾼이라 부르겠는가? "몸을 숨기는 곳에는 자취를 없게 하고, 자취 없는 곳에는 몸을 숨긴다." 라는 그의 말대로 그는 낚시를 한다지만 낚시꾼을 가장한 인생의 전도사이자 때를 기다리는 무심

선인(無心仙人)이다. 원래 무심도 그렇거니와 '선인은 삶을 살아가되 삶을 즐기며, 삶속에 삶을 버린다.' 본래 삶과 삶 아님은 나누어질 수 없는 것. 산 듯 죽어 살고, 죽은 듯하며 즐기는 삶을 사는 이것이 선인의 삶이 아니고 무엇이겠나?

세상은 한 생각 일으키면 중생의 세계에 사는 것이요, 한 생각 일으키지 않으면 성인의 삶인데 이 한 생각이 무엇인지, 이 한 생각 다스리지 못해 '밤마다 울었다'는 경허(鏡虛) 스님의 〈참선곡(參禪曲)〉이야기는 고요한 밤에 물이 차니 고기 입질하지 않는 바로 그 대목이 아닐까? 생각하면, 잠시 허허로움에 젖는 것은 어찌해야 할꼬! 고요한 밤이 공부의 경계라면, 찬물은 번뇌다. 번뇌가 이니 화두 성성(話頭惺惺)하지 못할세라.

그래도 다행인 것은 그냥 빈 배로 오지 않고 허공이라도 가득 담아 돌아오지 않았던가? 그것도 달까지 떠서 비추는데 집으로 돌아온다는 것은 행복하고 또 행복하지 않겠는가? 빈 배라는 경계 속에 허공이라는 텅 빈 충만 같다고나 할까, 달마의 확연 무성(廓然無聖)이랄까? 엑스터시(ecstasy)라고 표현하면 어떨까?

화정 선사가 단순히 낚시를 즐기는 낚시꾼이 아니라는 것을 알 수 있는 것은 엄연한 수행자로서 부처의 종지(宗旨)와 달마의 혜법(慧法)을 이은 약산 유엄(藥山惟儼)으로부터 인가받은 절조와 기개를 갖춘 선사(禪師)

라는 사실이다. 그에게는 두 명의 도반이자 사제인 운암(雲岩)과 도오(道悟)가 있었다. 늘 함께 수행을 했다. 어느 날 스승이 입적을 하게 되자 처음에는 도구와 양식을 챙겨서 예원(澧源)의 깊은 골짜기 인적 없는 곳을 찾아서 공부하기로 약속을 했다가 막내 도오가 반대하여 제각기 흩어져 살기로 하였다. 서로 흩어지기 전 화정(華亭) 선사가 두 사제에게, "나는 소주의 화정현에 가서 조그만 배를 띄우고 오락가락 세월을 보낼 것이니 영리한 친구를 만나면 나에게 보내 다오."라는 말을 남겼다. 그리고 스승의 뜻을 잊지 말자는 서원도 하였다.

그는 곧 소주의 화정(華停)에 이르러, 작은 배를 띄워 인연 있는 사람들을 만나면서 세월을 보내고 있는데 하루는 어떤 관인(官人)이,
"날마다 하는 일이 무엇인고?" 하니 선사가 삿대를 들고는,
"알겠는가?" 하였다.
"관인이 알지 못하오." 하니 선사가 말하길,
"맑은 파도를 뒤졌지만 금린(錦鱗)을 만나기는 어렵네." 하고는,
"30년 동안 낚시터에 앉아 있었는데 낚시 끝에는 가끔 작은 짐승(黃能)이 걸린다……."

일엽허주일부간 一葉虛舟一副竿
요연무사좌연탄 了然無事坐煙灘
망득상 임비환 忘得喪 任悲歡
각교인환인다단 却敎人喚人多端

한 잎 빈 배 낚싯대 하나 들고
일 마치고 한가로이 물안개 피는 여울 가에 앉아
득과 실을 잊고 슬픔과 기쁨도 내맡겼어라.
사람의 가르침이 도리어 사람에게 다단을 부르게 하네.

그는 물을 좋아하고, 배에 오르기를 좋아하고, 낚싯대 담그는 것을 즐기는 사람이다. 그러면서도 그는 세속에 물듦이 없다. 물듦이 없다는 것은 '노를 두드리며 소리 높여 노래하고 스스로는 마음을 자적하고 소리가 시원찮아 아무도 화답하지 않아도 명리는 구하지 않는다(鼓棹高歌 自適 音稀和寡不求名)'이다.

일임고주정우사 一任孤舟正又斜
건곤하로지생애 乾坤何路指生涯
포세월 와연무 抛歲月 臥煙霧
재처강산편시가 在處江山便是家

외로운 배에 한 번 맡기면 바로 그것에 빠지고
하늘과 땅 어느 길이든 나의 생애요.
세월은 버리고 안개와 노을 속에 눕고
처하는 강산이 곧 집이라네.

이렇게 배에 한번 오르면 배에 빠져들어서 온 세상이 모두 내 것이 되고 세월이 가건 말건 나는 연무 피는 그곳에 머물기를 좋아하니 내가 머무는 그곳이 바로 내 집이라는 그런 것이 당나라 시인 왕유(王維)의 '꽃이야 피건 말건 내 가슴속에 왕손이 있으니(隨意春芳歇 王孫自可留)'라는 시가 떠오른다.

그는 허허롭고 빈 세월을 그저 즐기는 무소유자이다. 그렇기에 그저 낚싯대 하나만 있으면 머무는 그곳이 집이 되고, 피어오르는 연무는 그의 심신(心身)을 달래 준다. 다만 어부가 아닌 선(禪) 수행자이니만큼 낚시를 드리웠을 때 고기의 입질을 기대하듯, 그의 깨달음을 매(昧)하지 않기를 바랄 뿐이다. 그것은 마치, "허공 한 점 참 소식을, 우주 인간들 중에 몇이나 알겠나(虛空一點眞消息 宇宙人間幾得知)?"라고 말씀하신 경봉(鏡峰) 스님의 게송처럼 '창공에 발자취 남기지 않고 유유자적하게 즐기면 된다.' 하지 않던가?

불방륜선불방구 不妨綸線不妨鉤
지요조륜득자유 只要釣綸得自由
척즉척 수즉수 擲卽擲 收卽收
천종무적락유유 天踪無迹樂悠悠

낚싯줄도 괜찮고 낚시 방울도 괜찮다.
다만 낚싯줄만 있으면 자유롭고
던지고 또 던지고, 걷고 또 걷는다.

창공의 발자취처럼 흔적 남기지 않고 유유자적하게 즐기면 된다.

이토록 자연과 더불어 하나로 계합하며 유유자적한 낚시꾼이 또 어디 있으랴, 제나라 강태공(姜太公)은 강가에서 세월을 낚았다. 늦은 나이에도 불구하고 주(周)나라 문왕(文王)을 만나 한 나라를 세우고 이바지한 공덕으로 재상까지 되었다. 그것은 엄격히 스스로의 야망에 때를 기다린 것에 불과하다면, 선자 덕성(船子德性) 스님은 자연과 더불어 유유자적하게 살면서 오가는 사람, 신분에 구애받지 않고 인연 따라서 법을 설하고, 또한 그의 법을 알든 모르든 개의치 않고 그의 법기(法器)를 전해 줄 사람을 기다릴 뿐이다.

　　삼십년래강상유 三十年來江上游
　　수청어견불탄구 水淸魚見不吞鉤
　　구간감진중재죽 鉤竿斫盡重裁竹
　　불계공부편득휴 不計工夫便得休

삼십 년을 강에서 노닐었다.
물이 맑아 물고기가 보이면 낚시 방울을 삼키지 않고
낚싯대를 만들기 위해 대나무를 베고 다시 심었다.
공부에 분별 내지 않으니 문득 휴헐(休歇)을 얻을 수 있었다.

삼십 년을 오직 공부에만 전념했음을 알 수 있고 또한 그 공부를 해가는 과정에서 '물이 맑아 물고기가 보이면 낚시 방울 삼키지 않는다.' 이것은 순탄한 경계에서는 공부가 되지 않는다는 것을 말하고, 낚싯대를 만들기 위해 대나무를 모두 베어 내고 다시 심었다는 것은, 여태 공부한 방식을 다시 바꾸었다는 뜻으로 보면 된다.

참선을 하는 납자(衲子)가 새로 화두를 받은 것 같아서, 그 뒷글에 '문득 쉼을 얻었다(便得休).'는 것으로 보아 한 공부를 이미 얻은 후에 '어떻게 사람을 대할 것인가, 어떻게 법을 전할 것인가'를 다시금 정리하지 않았나 하는 생각을 한다.

그의 다음 게송을 보면 알 수 있다.

삼십년래좌조대 三十年來坐釣臺
간두왕래득황능 竿頭往來得黃能
금린불우공노력 錦鱗不遇空勞力
수거사륜귀거래 收去絲綸歸去來

삼십 년 낚시 생활 끝에
종종 황능을 얻었지만
금린을 만나지 못해 노력이 헛되다.
낚싯줄 걷어서 왔던 곳으로 돌아간다.

이것은 그가 삼십 년 공부하고 낚시를 했지만 이제는 낚시를 거둬들여야 할 때를 말하고 있음을 알 수 있다. 종종 황능(黃能)을 얻었다는 것은 어느 정도의 법을 펼 수는 있었다는 뜻으로 이해할 수 있다. 그가 진정 원했던 금린(錦鱗)을 얻지는 못한 것 같다. 금린이 무엇인가, '아름다운 물고기'로서 자기가 공부를 해서 얻은 법을 전해 줄 그 대상이 아니고 무엇이겠나? 그렇지만 그는 낚싯줄을 거두고 이제 그 낚싯줄을 넘길 때가 되었음을 보이고 있다. 그리고 그는 본래 그 자리, '오고 감도 없는 그곳'으로 발길을 돌린다. 이것이 바로 환지본처(還地本處)이자 '주리면 먹고, 곤하면 잠잔다(飯來開口 睡來合眼).'는 야부(冶父) 선사와 같은 경지가 아니겠는가?

이럴 즈음에 그의 사제 도오(道悟)가 우연히 어떤 스님을 만나게 되는데 그 스님이 천문산(天門山)에서 왔다는 것을 알고는 천문산에 주지에 대해 묻고는 천문의 조실(祖室)인 협산(夾山) 스님을 찾아가게 된다.

도오가 천문산에 이르렀을 때 천문사 조실이 도오를 반겼다.
"화상께서 무슨 일로 오셨습니까?" 하니,
"특히 장로를 뵈러 왔습니다. 듣건대 내일 개당(開堂)을 한다던데 사실입니까?"
"개당은 무슨, 그런 일 없습니다." 하니 도오가 다그쳤다.
"그런 말씀 마시고 내일까지 기다리지 말고 오늘 저녁 개당을 해서 설법을 해주십시오."
주인은 마지못해 법당에 올라 두 가지 화두를 설파했는데 어떤 사람이 물었다.

"어떤 것이 참 부처입니까?" 주인이 말하기를,

"참 부처는 현상이 없네."

"어떤 것이 법안(法眼)입니까?"

"법안은 티가 없느니라."

도오가 듣다 못해 귀를 막았다. 주인이 법당에서 내려와 도오를 불렀는데 도오가 방에서도 입을 막고 있는지라 묻기를,

"나의 대답에 어떤 허물이 있어서 스님이 귀를 막고 나갔나요?"

"스님의 바탕은 매우 훌륭한 그릇이지만 인연을 만나지 못해 아쉽습니다. 우리 사형께서 지금 소주(蘇州) 화정(華亭) 현에서 작은 배를 띄우고 오락가락하면서 계시니 그곳에 가면 이익이 있을 겁니다. 그리고 여기에 영리한 사람 두어 사람 데리고 가시되 좌주(座主)의 복장을 하고 가십시오."

주인이 그날 밤길을 떠나 강가에 이르니 선사께서 좌주에게 물었다.

"어느 절에 계십니까?" 하니, 좌주가 대답했다.

"절이라면 머물지 않고 머물면 절이 아닙니다."

"어째서 머물지 않는가?"

"눈앞에 절이 없습니다."

"어디서 공부를 했소?"

"눈과 귀가 이르지 못하는 곳입니다." 하니, 선사가 말하길,

"한 구절에 머리와 뜻을 합하면 만겁의 나귀 매는 말뚝이니라." 하고

는 몇 번 후려갈겼다. 비록 선사가 몇 대 후려갈겼지만 좌주의 근성이 영리함을 보게 되었다.

좌주가 말하길,
"매일 곧은 낚싯줄로 고기를 잡는 뜻을 모르겠습니다." 하니, 선사가 말한다.
"천 길 낚싯줄 드리우는 뜻은 깊은 못에 있나니, 유무를 평정하고, 세 치의 혀를 떠난 구절을 어찌하여 묻지 않는가?"
이 말에 천문이 무슨 말을 하려고 머뭇거리는데 선사께서 삿대를 밀어 빠트려 버렸다.

천문이 물 밖으로 걸어 나와서 말하길,
"말이 현묘하면 표현할 길이 없고 혀끝으로 말하려 해도 설명할 도리가 없습니다. 매일 곧은 낚시를 드리워 고기를 잡는데 오늘에야 한 마리 낚지 않았습니까?"
선사가 말한다.
"말을 하자면 낚싯대에 대해 그대들의 희롱은 하더라도 맑은 물결을 건드리지 않음은 스스로와는 다르다."
선사께서 천문 좌주에게 물었다.
"그대 딴 곳으로 가겠는가?"
"가겠습니다."
"가는 곳은 마음대로지만 그 일을 보았는가?"

"보았습니다."
"무엇을 보았나?"
"풀을 보았습니다."

선사가 말했다.
"그대가 오늘 이후로 몸을 숨기는 곳에는 자취를 없이 하고 자취 없는 곳에는 몸을 숨겨라. 이 두 곳에 머물지 않으면 그것이 진실로 나의 가르침이니라."

그의 말년 법을 전할 무렵에 남긴 게송을 보면,

문아생애지시선 問我生涯只是船
자손각자도기연 子孫各自堵機緣
부유지 부유천 不由地 不由天
제거사의무가전 除去簔衣無可傳

나의 생애를 묻는다면 단지 배뿐이다.
자손은 각자 근기와 인연 따라 살겠지만
땅을 말미암지도 않았고, 하늘을 말미암지도 않았다.
도롱이 한 벌 제외하면 아무것도 전할 것이 없다.

화정 선사 선자(船子) 스님이 입적을 앞두고 협산(夾山)을 향해 지금 이후로는 몸을 없애고 흔적을 숨기려 한다.

"한 개의 반이라도 찾아서 잇는다면 이것이 단절되지는 않을 것이야 (멱취일개반개접속무령단절 覓取一個 半個接續 無令斷絕)."

이러한 유언을 남기고 그는 배를 뒤집은 채 스스로 수장을 택했다.

* 약산 유엄(藥山惟儼. 751-834) : 속성은 한(韓)씨. 산시(山西) 성 강주(絳州)에서 출생하였다. 열일곱에 출가하여 삼장(三藏)에 널리 통하고 계율을 엄하게 지켰다.

* 선자 덕성(船子德誠. 생몰 연대 미상) : 약산 유엄으로부터 법을 인가 받음.

* 협산 선회(夾山善會. 805-881) : 한광(漢廣)의 현정(峴亭)사람으로 속성은 료(廖)씨이며 법명은 선회(善會)이다. 말재주가 있고 총명했다. 처음에는 도성(都城)근처에서 법을 전하다가 나중에 도오(道吾)의 지시로 화정(華亭)의 문하에 들어가 그의 법을 잇고는 협산 기슭에서 살았다.

* 금린(錦鱗) : 아름다운 물고기. 우리나라에서는 쏘가리를 칭함

* 황능(黃能) : 발이 셋 달린 자라. 중국 신화에 나오는 전설적인 고기.

한도인(閑道人)

군불견 君不見
절학무위한도인 絕學無爲閑道人
부제망상불구진 不除妄想不求眞
무명실성즉불성 無明實性卽佛性
환화공신즉법신 幻化空身卽法身

— 영가(永嘉)

그대는 보지 못하나
배움이 끊어지고 더함이 없는 한가한 도인
망상을 없애려거나 진리를 구하려 않는다.
무명의 진실 성품이 곧 불성이요
헛된 빈 몸이 곧 진리의 몸이라네.

공부를 한다는 것은 첫째 부족함을 알기 때문이요, 둘째는 향(向)하기 위해서다. 향할 일이 없다면 그는 더 이상 공부할 일이 없을 것이다. 향한다는 것은 앞으로 나아간다는 뜻으로, 인생은 모든 일에 있어 앞으로 나아가는 것이지 뒤로 갈 수는 없다. 즉 되돌릴 수 없다는 것이다. 그래서 현재가 중요하다. 현재가 중요하다는 것은 현재는 현재로서 마치는 것이 아니라 앞으로 나아가는 일에 있어 참으로 중요하기 때문이다. 생각해 보라, 그 무엇도 현재를 거치지 않음이 있을 것이며, 그 현재라는 것이 미래로 연결되지 않음이 있는가?

여기서 수양을 하고 도(道)를 구하는 사람 또한 마찬가지다. 부족하기 때문에 알려고 한다. 안다는 것은 무엇인가? 즉 깨달음을 말한다. 깨달음이 '어, 그래 알았어!' 정도라면 얼마나 좋으련마는 실로 깨달음은 쉽지 않다. 물론 도를 터득한 고승들의 법문(法門)에서는, "깨닫는 것이 세수하다 코 만지는 것보다 더 쉽다."는 말도 자주 들을 수 있다. 그런 말씀과 같으면 누가 도를 닦지 않을까? 도란 아는 사람은 알지 몰라도 도를 안다, 구한다, 특히 득력(得力)을 한다는 것 결코 쉬운 일이 아니다. 다만 쉬운 길이 있긴 한데 그것은 한 생각 놓으면 된다. 그러면 그는 고속도로 직행 버스로 목적지에 쉽게 도달할 수 있다. 알다시피 알 것 같고 행할 것 같지만 그저 한 생각 쉰다는 것, 한 생각 놓는다는 것이 쉽지는 않다.

한 생각 쉰 분이 바로 '한도인(閑道人)'이다. 이 한도인이야말로 망상을 없애려고 애쓰지도 않는다. 망상이란 모를 때 말이지, 본래 금이 누렇게 티끌 하나 묻지 않고 쑥 솟아난 것이 아니다. 금은 세상에서 그 가치를 하기 위해서는 온갖 불순물을 다 떨쳐 내야 비로소 금, 금이 되는 것이다.

여기 이 게송(偈頌)은 영가(永嘉) 대사의 〈증도가(證道歌)〉로서 즉, 도를 얻고 부른 노래다. 도를 터득해 보면 무명(無明)이나 드러나는 실체나 차이가 없어서 같다는 것을 말하고 있다. 그래서 우리의 몸이라는 것이 도를 구하는 사람이 받아들이기에는 아지랑이 같은 헛된 몸 정도로 여길 수 있겠지만 어느 분상(分相)에 올라서면 헛된 몸이 그냥 헛된 것이 아니라 이 몸이 있어야 깨달을 수 있음을 안다. 부처님 당시에 있었던 일로 아라한(阿羅漢)과를 얻기 위해서 열심히 수행하던 중 어느 한 제자의, "이 몸(色身)을 가지고서는 얻을 수 없다."는 말에 현혹이 되어서 상당히 많은 제자들이 목숨을 버리는 일이 있었는데 어느 날 부처님께서 그 사실을 알고서 그들로 하여금 다시는 육신을 버리지 않게 하였다.

* 영가(永嘉) 스님(665~713) : 저장(浙江) 성 원저우(溫州) 부 융자(永嘉) 현 사람으로 법명은 현각(玄覺), 자는 명도, 호는 진각(眞覺)이다. 8살에 출가, 경과 론을 공부하였고 특히 천태지관(天台止觀)에 정통하였고 유마경을 보다 심지가 열렸다고 한다. 나중에 육조 혜능(六祖慧能) 대사를 찾아가 인가를 받았는데, 선사는 육조 스님의 주위를 세 번 돌고서 석장(錫杖)을 떨치고 그의 앞에 버티고 서 있으니 육조 스님이, "사문은 삼천 위의와 팔만 세행을 갖추어야 하거늘 대덕은 어디서 왔기에 그렇게 거만한고." 하니, "생사의 일이 중대하고 무상이 신속합니다." 등의 법거래(法去來)를 주고받았다.

여기에 실은 글은 영가집의 증도가 초구에 해당하는 것으로 그는 ≪증도가≫, ≪관심십문≫ 등의 저술을 남겼다.

너무도 분명한 것을

원관산유색 遠觀山有色
근청수무성 近聽水無聲
춘거화유재 春去花猶在
인래조불경 人來鳥不驚
두두개현로 頭頭皆顯露
물물체원평 物物體元平
여하언불회 如何言不會
지위태분명 秖爲太分明

— 야부(冶父) 금강경오가해(金剛經五家解)

멀리 바라보는 산은 빛깔이 있고
물소리 가까이 들으니 소리가 없어
봄은 갔는데 꽃은 아직 피어 있고
사람이 와도 새가 놀라지 않네.
머리마다 다 드러나고
물질마다 본래 그 자리인데
어찌하여 모른다 하리.
너무도 분명한 것을.

머리, 머리마다 맑은 구슬 영롱하고, 대하는 경계마다 모두가 장엄해서 부대사(傅大士)는,

마음 없는 경계도 있지 않고
일찍이 경계 없는 마음도 없음이라.
경계 없으면 마음도 저절로 멸하고
마음이 멸하면 경계도 그 마음을 침범치 않음이로다.
경 가운데 실상을 일컬음이여.
묘한 이치 말한 것이 능히 깊으니
증득해서 아는 것은 오직 부처님뿐이라.
작은 성인이 어찌 감당하리오.

　어찌 보면 역설을 통해 제 자리를 찾아가는 것을 보인다고 여기는데, 처음에는 산을 보아도 산으로 바로 보지 못한다. 어느 시점에 다가서면 그때 비로소 푸른 것은 푸른 대로, 붉은 것은 붉은 대로 볼 수 있게 된다. 본래는 어디가 붉을 것이며, 어디가 푸르다 하겠는가? 붉다 푸르다 하는 것은 그대의 마음에서 그렇게 볼 뿐이다.

　봄이 와도 봄을 보지 못하는 사람은 아직 봄이 오지 않은 것이요, 봄이 가도 봄을 보내지 않은 사람은 아직 봄 속에 머물게 되는 것이다. 이것은 추위를 타는 사람이 봄이 가고 여름이 왔어도 그는 누더기를 벗지

못하는 것과 같은 것이다.

  도를 구하는 사람은 때가 되어 점심(點心)을 하게 되는데, 이때 어떤 마음에서 점심을 들게 되느냐, 이것이 중요한 것이 된다.

  사람이 다가가도 새가 놀라지 않는다는 것은, 이미 새가 놀랄 것을 짐작하는 마음 동기가 있기 때문이다. 만약 마음에 나라는 생각이 없다면 새라는 상대도 없을 것이다. 그렇게 될 때 놀랄 일이 무엇이겠나?
  이것은 주객이 끊어진 경계로서 '머리마다 다 드러나고' 하는 것이나 '적나라(赤裸裸) 적쇄쇄(赤灑灑)' 하는 것이나 동일해서 물을 보는 사람이나 나를 대하는 대상이나 하나이게 되니 그대로 평등할밖에 더 무엇이랴. 이것을 모른다 했어야, 너무도 분명한 것을. 쯧!

  * **야부 도천(冶父道川) 스님** : 생몰 연대가 뚜렷하지 않다. 다만 송나라(1127~?) 사람으로 추정할 뿐이다. 성은 추(秋)씨, 이름은 삼(三)이다. 군의 집방직에 있다가 재동의 도겸(道謙) 선사로부터 도천(道川)이라는 호를 받았다. 정인 계성(淨因繼成)의 인가를 받아 임제의 6세손이 된다.

고뇌로부터 해방

고뇌란 취하려 하기 때문이다. 취하지 않으면 자유로워진다. 자유로워지면 행복하다.

고뇌하는 까닭이 여러 갈래긴 하지만 대개는 취하고자 하는 마음에서 비롯된다. 취하여 행복을 얻을 수 있겠지만, 진정 행복은 취하지 않음으로 얻을 수 있다. 그것이 진정한 행복이다. 이것을 무욕(無慾)의 즐거움이라고 말하기도 한다. "유구개고무구내락(有求皆苦 無求乃樂. 구함이 있으면 괴롭고 구함이 없으면 즐겁다)"

오늘 우리들의 삶이 가득히 채워 만족을 얻으려는 사람들이 많은 것이 현실이지만 진정 가득히 채웠을 때 만족할 수 있을까? 우리들의 주변을 둘러보면 쉽게 알 수 있다. 행복이란 가득히 채워야만 얻는 것은 아니다. 가득히 채워 얻으려는 사람은 늘 부족함에 허덕이기 때문이다. 외형적으로 물질적으로 채워 만족하고 행복을 구함은 늘 다 채우지 못함의 아쉬움에 허덕이게 된다.

버리고 또 버릴 때 진정한 행복을 얻을 수 있다. 이 행복이야말로 진정 무루(無漏)의 행복이다. 무루의 행복이란, 꺼림이 없는 행복이며 텅 빈 충만 같은 그런 것 아니고 무엇이랴.

세상에 행복을 논할 때에 '지족제일(知足第一. 족한 줄 앎이 제일이다)' 이라는 말을 한다. 이것 역시 작은 것에 만족하라는 뜻이 있고, 적게 취하면 화가 미치지 않는다는 그런 내용까지 포함된다고도 볼 수 있다.

그렇다면 무엇이 나를 고뇌하게 하며 무엇이 나를 슬프게 하는가?

고뇌도 슬픔도 내가 만든다. 고뇌로부터, 슬픔으로부터, 해방도 내가 만들어 가는 것이지 밖으로부터 오는 것은 아니다. 마치 사자가 밖으로 침해를 받아서 자기를 죽이는 것이 아니라 스스로의 안으로 생긴 충이나 세균에 의해서 죽게 되는 것과 같은 것이다.

왜냐하면 인간은 만물의 영장이 아닌가? 만물의 영장은 스스로를 지킬 수 있는 힘이 있고 스스로를 조절하고 이끌어 나아갈 수 있는 힘이 있다. 다만 그렇지 못함은 과욕 때문에 밝은 눈이 흐려져서 어리석은 인생을 만들게 된다.

그러해서 인류의 역사가 시작되면서 수많은 현자, 성자, 성인, 영웅이 출현했다. 과연 영웅은 스스로에게 만족했을까? 만족했든 못했든 분명한 사실은 그들도 보통의 인간처럼 그렇게 왔다가 그렇게 갔다는 것이다. "예로부터 많고 적은 영웅들이 동서남북 진흙 속에 누웠네(古來 多少英雄漢 南北東西臥土泥)."

영웅이 그렇다면 현인이나 성자 내지 성인은 어떠할까? 분명한 것은 위치가 높으면 높을수록 크게 버린다는 것이다. 크게 버릴 줄 모르고 큰 것을 얻으려는 사람은 마치 고깃덩이를 입에 가득 문 개가 물에 비친 자신의 그림자를 보고 짖는 것과 같은 것이다.

완전한 동물 같지만 그러하지 못한 것이 인간이다. 마치 주인이 물을 잘 주어야 잘 자랄 수 있는 화초라면, 우리가 하찮게 여기는 들풀은 온갖 비바람과 풍상을 겪으면서도 굳건히 그 자리를 지키며 잘 살아간다.

그러므로 고뇌로부터 해방은 버리고, 비우고, 초월해야 한다. 버린다는 것 결코 버리는 것이 아니다. 크게 버려야 큰 것을 얻을 수 있다.
 비운다는 것 마치 큰 그릇과도 같아서 빈 그릇은 언제든 담을 수 있지만 가득한 그릇은 담을 수가 없다. 그러니 언제든 담을 수 있는 그릇으로 비워 둬라.

뛰어넘어야 잘 살 수 있는데 뛰어넘는다는 것은 매사에 부닥쳐서 해결하려 들지 말라는 것이다. 우리의 주변에서 흔히 보면 어떤 일이 벌어지면 끝을 봐야 하는 사람, 그 속에 뛰어들고 보는 사람들이 있다. 그렇게 해결하는 사람은 형이하학(形而下學)적인 삶이라면 그것을 뛰어넘는 사람은 형이상학(形而上學)적인 삶이 될 것이다.

알 것은 변천이니라

평상심시도 平常心是道
제법불상위 諸法不相違
입출무위탈 入出無違脫
단지변천시 但知變遷時

평상의 마음이 도이니라.
모든 것은 서로 어긋남이 없어
들고 나감에 어긋나거나 이탈되지 않아
다만 알 것은 변천할 때이니라.

    평상심이란 보통의 일상을 말하는 것으로써 '도(道)' 또한 일상을 벗어나 있지 않다는 것이다. 예전에 고승들은 이 평상심과 선을 하는 시간이 다르지 않아서, 좌선하고 정진하는 시간이나 밥 먹고 쉬는 시간이나 다르지 않았다. 또 다르지 않아야 '평상심시도'가 되기도 하겠지만 도라는 것이 별천지에 뚝 떨어지는 것도 아니고, 기발한 아이디어로 찾아내는 것도 아니다. 다만 화두(話頭)를 들고 수행하는 사람은 화두가 생활이 되어서 오매불망(寤寐不忘) 성성(惺惺)하면 되는 것이다.

어느 날 조주 스님이 스승인 남전(南泉) 스님에게 물었다.
"어떤 것이 도입니까?"
"평상심이 도이니라."

여기에 대해서 무문(無門) 스님은, "봄에는 꽃이 있고, 가을에는 말(馬)이 있고, 여름에는 맑은 바람이 있고, 겨울에는 눈이 있다. 만일 헛일에 사로잡히지만 않는다면 좋은 계절이다."라고 하였는데, 이것은 봄, 여름, 가을, 겨울, 사계절이 그대로 일상이요, 이 일상이 바로 도(道)요, 진리인 것을 말하는 것이다.

진리도 진리를 받아들일 준비가 되어 있어야 진리인 것이지, 진리를 진리로 받아들일 수 없는 사람은 아무리 옆에 진리가 산더미처럼 쌓였다 한들 무슨 소용이 있겠는가? 남들은 다 더럽다고 피하는 거름도 밭에서 쓰면 좋은 식량과 열매를 가져다준다.

그래서 제법(諸法)은 서로가 충돌하지 않고 어긋나지도 않는다. 보라, 지구를 둘러싼 수많은 천체가 있지만 서로 충돌하거나 그 위치를 벗어나거나 하지 않는다. 나가고 들어옴에서도 벗어났거나 위탈했다고 할 수 없다. 밀물이 들어올 때는 분명 들어온다고 여기고, 썰물일 때는 나간다고 여길 수 있다. 그것은 나가고 들어온 것이 아니다. 왜냐하면 우리와 함께하는 바닷물은 부증불감(不增不減)이다. 높은 곳에서 바라만 보아도 마치 큰 대야에 채워진 물이 통을 벗어나지 않으면서 출렁이는 것과 같음을 알 수 있다.

'다만 변천하는 때를 알아야 한다.' 모든 존재(諸法)하는 양상은 시시로 변한다. 그 무엇도 변하지 않음이 없고, 또한 변하지 않으면 안 된다. 이것은 변하되 변하지 않음을 알아야 하는 것이다. 그래서 도를 추구하는 회상에서는 '설사일물즉부중(說似一物卽不中. 설사 일물이라 해도 맞지 않다.)'라고 했다. 이 말이 나온 까닭은 어느 날 젊은 수행자 회양(懷讓)이 육조 혜능(六祖慧能) 스님을 찾아갔다. 혜능 스님이 물었다.
"어디서 왔는가?"
"숭산(崇山)에서 왔습니다."
"어떤 물건이 이렇게 왔는가?"
"설사 한 물건이라 해도 맞지 않습니다."

사람을 대하면서 나온 말이지만 모든 존재는 존재하되 영원함이 없으니 존재한다고 해야 옳은지, 그렇지 않다고 해야 옳은지 막막할 수 있다. 바로 이 대목이 중요하다. 부처님께서 팔만사천 법문을 남기시고는 한 말씀 하지도 않았다고 한다면 어떻게 받아들일 것인가? 이것은 이 글을 대하는 사람 몫이다.

허공의 경계를 알까

허공경계기사량 虛空境界豈思量
대도청유이갱장 大道淸幽理更長
단득오호풍월재 但得五湖風月在
춘래의구백화향 春來依舊百花香

— 야부(冶父)

허공의 경계를 어찌 짐작하랴.
큰 도는 맑고 그윽해서 이치가 깊어
다만 다섯 호수의 풍월을 얻을 수 있다면
봄이 오면 옛을 의지하여 온갖 꽃향기 피우리라.

금강경(金剛經)에 부처님과 수보리의 대화가 있는데, 부처님께서, "수보리야, 네 뜻은 어떤가? 동방의 허공을 사량(思量)하겠는가?"라고 말을 한다. 그때 수보리는 못한다고 답을 한다. 어찌 방대한 우주 공간의 한 부위를 짐작할 수 있으랴? 다만 이 말이 나오게 된 배경에는 무슨 과학을 실험하기 위해 수보리에게 하신 말씀은 아니다. '무주상보시(無住相布施)'의 공덕이 크다는 것을 비유하신 말씀이다.

'큰 도는 맑고 그윽해서 이치가 깊다.'는 것은 큰 도리를 뜻하는 것으로서, 큰 도리에는 거리낌이 없어서 마음대로 출입할 수 있다는 '대도무문(大道無門)'이라 하지 않았는가? 다만 야부(冶父) 스님은 그것을 맑고 그윽하다, 이치가 깊다는 식으로 표현하였다. 그것에 대하여 함허(函虛) 스님은 〈설의(說誼)〉에서, "대도는 유주(有住)와 무주(無住)에 속하지 않으니 저 해인(海印)에 견줄 수 있고 저 태허(太虛)를 넘었도다."고 했다. 다만 다섯 호수의 풍월을 살펴보면, 여기서 다섯 호수란 오대양으로 본다. 오대양은 우리가 사는 지구촌을 상징적으로 드러낸 것이고, 풍월은 '바람 달', '달과 바람' 이런 뜻으로 볼 수 있다. 달이란 무엇인가? 달은 가득 찼을 때 비로소 달로서 인정하지 않던가? 그것은 달리 보면 마음이 된다. 마음도 그냥 마음이 아니고 수행을 해서 득력(得力)을 했을 때의 마음이다. 그런데다가 풍월이라 하였으니 '바람에 일렁이는 달'을 들고 나온 것은 바람은 일렁임이기에 한 소식을 얻은 도인이 넓은 세계에 거리낌 없는 자유자재를 바라는 뜻이 내포되었음을 이해할 필요가 있다.

그러해서 그는 봄을 기다리는지도 모른다. 봄이란 무엇인가? 봄은 분명 지난 과거를 의지하였지만 현재일 뿐이다. 다만 현재이면서도 다시 한 번 주어지는 기회가 될 것이다. '봄이 오면 옛을 의지하여 온갖 꽃향기 피우리라.'고 하는 말은 다시 한 번 기회가 온다면 그때는 적당히 넘지 않을 것이며, 과거로부터 닦아 오던 그것을 대업(大業)으로 회향(回向)하여 한바탕 세상 무대에서 자기의 뜻을 펼쳐 보이겠다는 뜻으로 볼 수 있다.

　이 송(頌)을 지은 야부(冶父) 스님은 ≪금강경오가해(金剛經五家解)≫를 통해 세상에 그의 게송, 시가 많이 소개되었는데 그의 게송(偈頌)이나 선시 등은 너무도 탁월하다고 할 수 있다. 그의 전기가 제대로 전해지지 않는 점도 아쉬운 대목이지만 그가 남긴 글은 가히 허공을 짐작키 어려운 것처럼 크고 깊고 고요하기가 때론 우레가 내리치는 것 같다면 조금은 이해가 될지 모르겠다. 나는 일찍이 ≪금강경오가해≫를 통해 '밥이 오면 밥 먹고, 잠이 오면 잠잔다(飯來開口 睡來合眼).' 는 대목에서 가히 충격에 가까운 청량미를 받았다. 한 경지를 넘은 유유자적한 그 경지는 바로 이런 경지가 아닐까?

미(迷)하면 모든 것이 경계가 된다

미즉산하위소경 迷則山河爲所境
오래진진시전신 悟來塵塵是全身
미오양두구타요 迷悟兩頭俱打了
조조계향오경제 朝朝鷄向五更啼

— 나옹(懶翁)

미(迷)하면 산과 강이 모두 경계요,
깨닫게 되면 티끌마다 그대로 이 몸일세.
미(迷)와 오(悟)를 다 뛰어넘으니
아침마다 닭이 오경에 홰를 치더라.

'미(迷)' 하다는 것은 깨닫지 못한 상태를 말한다. 마치 눈 어두운 사람이 모든 경계에 걸리고 분별하는 것과 같은 것이다. 그러나 깨닫게 되면 경계와 내가 둘이 아니다. 이는 눈이 어두울 때는 온갖 현상에 걸린다. 어떤 대산을 만져도 바로 인식을 하지 못함이 장님이 코끼리를 만지며 이렇다 저렇다 구분해서 분별하는 것과 같다. 그러나 광명을 얻었을 때는 현상과 내가 구분되지 않는다.

그러하기에 그대로 한 몸이 되었다고 표현했고, '미와 오'라는 양 극단의 경계를 넘고 보니 마치 안개 걷힌 뒤 그 모습 그대로 드러나는 것처럼, 닭이 언제나 그 시간이 되면 홰를 친다는 것으로 아무 의심이 없어졌다. 그동안 눈병이 나서 제대로 보지 못하다가 눈병을 치료하고 나니 사물의 본 모습을 바로 볼 수 있음을 스승에게 말한다. 이것은 곧 깨달음을 의미한다.

이 게송(偈頌)은 나옹(懶翁)스님께서 그의 스승 지공(指空) 스님께 지어 올린 글이다. 이 글을 올리기 전에 먼저 스승인 지공이 하루는 법문(法門)을 내렸다.

선무당내법무외 禪無堂內法無外
정전백수인인애 庭前栢樹認人愛
청량대상청량일 淸凉臺上淸凉日
동자수사동자지 童子數沙童子知

선은 집 안이 없고, 법은 밖이 없나니
뜰 앞의 잣나무, 아는 사람이 사랑한다.
시원한 집 위의 시원한 날에
동자가 세는 모래를 동자가 안다.

이렇게 스승인 지공이 제자 나옹을 향해 글을 내리니 나옹 스님이 곧 바로 대구(對句)를 보였다.

  입무당내출무외 入無堂內出無外
  찰찰진진선불장 刹刹塵塵選佛場
  정전백수갱분명 庭前栢樹更分明
  금일초하사월오 今日初夏四月五

  들어가는 것도 집 안이 없고 나와 보니 밖도 없구나.
  세계마다 티끌마다 선불장인데
  뜰 앞 잣나무 다시 분명하니
  오늘이 초여름 4월 초닷새인걸요.

나는 이 구절로 가히 스승이요, 제자구나 하는 생각을 한다. 내가 감히 이렇게 법력이 높으신 어른을 평하려 드는 것이 아니다, 그저 와 닿는 느낌 그대로를 표하는 것뿐이다.

스승이 먼저, "선에 있어 안이 없다면, 법은 밖이 없다."고 하니 제자인 나옹 스님이 한 걸음 더 나아가, "들어가 봐도 안이 없고, 나와도 밖이 없다(법은 밖이 없다)."는 말로 두 글귀를 받아치는데, 가히 선지(禪智)가 번뜩이는 것을 느낄 수 있다. 또한 '뜰 앞의 잣나무를 아는 이는 사랑한다.'고 했다. 여기서 제자 나옹 스님은 '뜰 앞 잣나무가 분명하니'라고 받았는데, 어떤 스님이, "조사(달마)가 서쪽에서 온 뜻이 무엇이냐?" 하니 조주(趙州) 스님이, "뜰 앞에 잣나무니라."고 한 대목에서 그 것을 안다면, 그것은 곧 깨달음이다. 지공이 그의 제자 나옹과 법거래 를 하는데 '네가 바로 안다면 즉 깨달았다면, 그 이상 더 바랄 것이 없 다.' 는 뜻이 내포되어 있다.

또 시원한 집 자체만 해도 시원한데, 시원한 집 위 날씨마저 시원하 다 하면서 동자가 모래를 세는데, 또 다른 동자가 모래를 세는 뜻을 안 다고 하였으니, 이것은 스승이 한 경지를 뛰어넘어 무구(無垢)와 천진(天 眞)의 경지에서 한 동자는 자신이요, 한 동자는 제자 나옹을 염두에 둔 것이니, 이미 인가(認可)를 한다는 뜻을 보여 준 글이라 여겨진다.

앞서 '뜰 앞 잣나무를 아는 이는 사랑한다.' 는 말에 '찰찰진진선불장 (刹刹塵塵選佛場)' 이라는 말로 대꾸를 했는데 찰찰은 절, 세계, 진진은 '티 끌' 을 뜻하지만 '티끌 세상' 을 말하는 것으로서 지공 화상이 벌써 조주 스님이 말하는 '정전백수자' 의 뜻을 다 알고, "이미 그런 경계를 뛰어 넘었습니다. 그러니 새삼 이렇고 저렇고 하십니까?" 하고 오히려 반문 을 하고 있다. 그러기 때문에 정전백수자가 분명하다는 말씀을 드리고, 오늘 초여름 4월 초닷새 운운하는 것은 이미 경계를 다 넘었고 공부도 다 지어 마쳤습니다. 하는 말을 한 것이다.

* 지공 화상(指空和尙) : 인도 마가다(magadha) 국 만왕(滿王)의 셋째 아들로 태어 나 8세에 나란타사(那蘭陀寺) 율현(律賢)을 스승으로 계를 받았다. 당시 세계적으

로 유명한 사원이자 대학이었던 나란타사는 이슬람의 침입으로 폐교가 된다. 지공 스님은 이 대학의 마지막 졸업생이 되었다. 19세 이후 인도 지역 순례를 마치고 중국 원나라에 들어와 교화를 편다. 바로 이 무렵 1326년(충숙왕13년) 3월 고려국에 들어와 1328년 9월까지 2년 반을 금강산 법기도량, 계경 감로사, 양산 통도사 등 전국 여러 사찰을 방문해 법회를 열었다.

* **나옹 왕사**(1320~1376) : 큰 절에 가면 삼성각(三聖閣)이 있는데, 지공(指空), 나옹(懶翁), 무학(無學) 세 분의 영정이 모셔져 있는 것을 볼 수 있다. 그 세 분 중에 한 분이 나옹 스님인데 그는 고려 시대를 대표한 고승 중의 한 분이시다. 그가 법을 받은 스승은 인도 스님 지공 화상으로 원나라와 우리의 고려를 넘나들었던 당대 최고의 고승 가운데 한 분이시다. 그런 고승에게 인가를 받은 나옹 스님이 그의 행장에 보면 용문산과 경기도 양주 회암사(檜巖寺)를 오간 기록이 자주 나온다. 그는 고려 말엽(1340년) 친구의 죽음을 보고 무상을 느껴 공덕산(功德山) 묘적암(妙寂庵) 요연 선사(了然禪師)를 찾아 출가했으며, 그때가 그의 나이 21세가 되던 해이다. 그는 양주 회암사서 오래 머물었으며, 그곳에서 대오(大悟)했고, 일본 승려 석옹(石翁)에게 인가를 받았다. 그는 곧 원나라로 건너가서 11년간을 머물렀으며 3년 동안 지공의 문하에서 공부를 하고, 지공을 세 번이나 찾아 마침내 심인(心印)을 전수받는다. 귀국한 뒤에는 공민왕의 왕사가 된다. 유품으로 ≪나옹록≫이 전해진다.

비로(毘盧) 정상을 향하리라

종일망망 終日忙忙
나사무방 那事無妨
불구해탈 不求解脫
부락천당 不樂天堂
단능일념귀무념 但能一念歸無念
고보비로정상행 高步毘盧頂上行

― 금강경 야부(冶父) 송(頌)

하루 종일 바빠도
일에 방해됨이 없어
해탈을 구하지도 않고
천당을 즐기려 하지도 않는다.
다만 한 생각이 생각 없음으로 돌아갈 때
높은 걸음으로 비로 정상을 행하리라.

부처님은 수많은 시간으로 중생을 대하면서 '한 말씀도 하지 않았다.'고 했다. 바쁘다는 게 마음이 바쁜 것이지 무엇이 바쁠까? 바쁘다 하기에는 중생의 삶이 각박한지도 모른다. 탄허(呑虛) 스님 말씀이, "흐르는 물소리 밤에도 쉼 없구나."라고 했는데, 진정 바쁘다는 것은 쉼 없이 다가오는 무상(無常)이란 놈은 생각, 생각 머문 바 없어서 명(命)을 연장할 수 있겠으며 때 또한 기다릴 수 있을까?

그러나 한 생각을 쉴 줄 알면 그것이 일만 방해되지 않으리까? 반야(般若, 지혜)도 방해되지 않는데……. '해탈 구하지 않고, 천당 즐기지 않는다.'고 하지만 본래는 해탈도 없고 천당도 없어서, 구하고 말고, 즐길 것도 없다. 이것은 인간 스스로의 마음 작용일 뿐이다.

다만 생각이 있으되 그 생각을 쉴 줄 알고, 생각을 일으키되 생각 없음으로 돌릴 수 있다면 그야 그대로 참상(眞露)이 현현(顯顯)하여 '머리, 머리는 비로(毘盧) 정상이요, 물물은 화장 장엄(華藏壯嚴)'이 될 것이다.

금강경에 '너희들 비구는 내 설법을 뗏목으로 비유함과 같이 알라. 법도 오히려 응당히 버려야 하거늘 하물며 법아님에서야(汝等比丘 知我說法 如筏喻者 法尚應捨 何況非法)?'라고 했는데…….

법도 법이라 한다면 비법이고, 법 아님도 법으로 받아들이면 법이 될 수 있다. 이것은 금강경에 '정한 바 법이라 이름 해서 아뇩다라삼먁삼보리(無有定法名 阿耨多羅三藐三菩提)'라 하였듯 아뇩다라삼먁삼보리는 '위 없는 법이요' 함도 결국은 문자나 언어에 불과한 것뿐이다. 언어 또한 사람의 필요에 따라서 부응하는 것일 뿐, 언어와 문자 그 자체에 빠져서 이것이다, 저것이다 한다면 마치 선을 하는 사람이 '화두(話頭)'가 본질인 것같이 착각을 일으키는 것과 다르지 않을 것이다.

누가 극락을 묻나

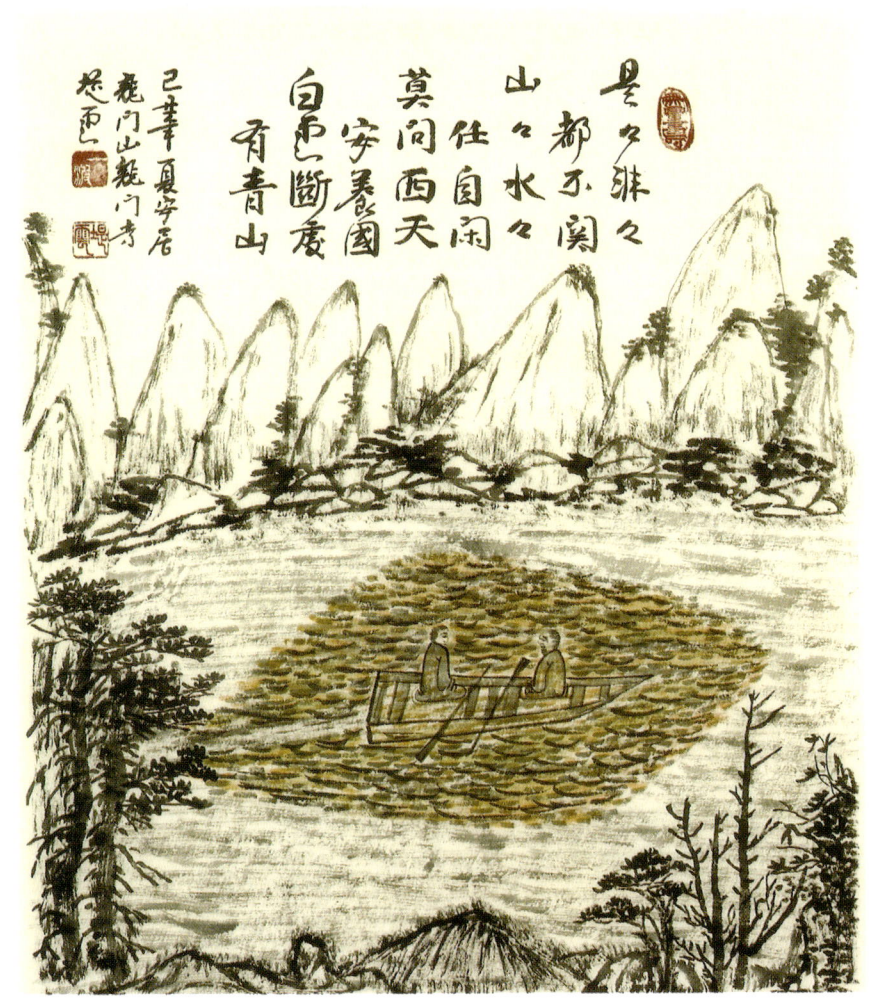

시시비비도불관 是是非非都不關
산산수수임자한 山山水水任自閑
막문서천안양국 莫問西天安養國
백운단처유청산 白雲斷處有靑山

— 임제(臨濟)

옳고 그름 다 떠났다.
산은 산이고 물은 물, 스스로 한가하다.
누가 극락이 어디냐 묻나.
번뇌 끊어지면 마음자리 오롯한 것을.

옳고 그름을 관계하지 않는다는 것은 옳고 그름으로부터 다 떠났다는 것이다. 옳고 그름이라는 분별이 떨어졌다는 말이다. 이것은 스스로의 마음 경계를 드러낸 표현이지만 만약 세속적인 이해로 보자면 시인 왕유(王維)의 '꽃이야 피건 지건 내 가슴에 왕손만 있으면(隨意春芳歇 王孫自可留)……'이라는 시와 통함이 있다.

앞의 구절이 마음 경계를 드러냈다면 '산이 있고 물이 있어 스스로 한가롭다.'라고 하는 말은 현상 세계의 경계를 말한다고 할 수 있다. 산이란 늘 그 자리요, 그래서 부동(不動)이라 하고, 물은 늘 흘러서 바람과 같다고 할 수 있다. 다만 움직이지 않으니 주인과도 같고 늘 푸르러 청산이라 오롯한 마음자리로도 여긴다. 이런 마음자리나 번뇌(流水)나 그런 것에도 자유롭다고 말하고 있다.

이런 경계에 머무는 자신에게 누가 극락(無上正等覺. 깨달음)에 대하여 물어 온다면, '한 생각 쉬면 바로 그 자리인데……번뇌 끊어지면 마음자리 오롯하다.'라는 표현을 하지 않았을까 하는 생각을 할 수 있다.

어느 날 임제(臨濟)가 대중을 향해서 말하기를,
"함께 도를 닦는 여러 벗들이여! 그대들이 참다운 견해를 얻고자 한다면, 오직 한 가지 세상의 속임수에 걸리는 미혹을 입지 말라. 안으로나 밖으로 만나는 것은 모조리 죽여라. 부처를 만나면 부처를 죽이고, 조사를 만나면 조사를 죽이고, 아라한(성인 지위)을 만나면 아라한을 죽이고, 부모를 만나면 부모를 죽여라. 친척이나 원수를 만나면 그를 죽여라. 그래야 해탈할 수 있으며 그 무엇에도 구애받지 않고 자유로우리라."

바로 이 대목이 '살불살조(殺佛殺祖)'라는 말로 유명한데, 바로 이런 수행 정신이 진정한 수행자의 참모습이라 해도 좋을 것이다. 수행을 하면 즉시 도를 얻지 못할지라도 도의 연을 만들고 지켜야 한다. 결국 도라는 것도 어느 날 자고나니 깨쳤다 할 수는 없는 것이다. 늘 도연(道緣)을 지키고 가꾸어야 하는데 도연이란, 마치 참선하는 사람이 오직 화두만 들 뿐이지 그 외는 도연과는 아무 관계가 없는 것이다. 그래서 그런 분상(分相)에서는 부처도 관계치 말아야 할 것이고, 조사도 뛰어넘어야 할 것이고, 부모도 버려야 하는 것이 아니겠는가?

* 임제 의현(臨濟義玄. ?-867) : 임제종(臨濟宗)의 개조(開祖)인 스님은 조주 종심(趙州從諗) 스님과 동향(同鄕)인 산동(山東) 성의 남화(南華) 출신으로 속성은 형(邢) 씨이며, 호는 임제(臨濟), 휘는 의현(義玄)이다. 출가 초기에 교학(敎學)에 몰두했다. 그러나 뒤에 교학이 세상의 고통을 일시적으로 치료하는 약이요, 불법의 근본 자리를 탐구하는 하나의 언구(言句)에 지나지 않음을 깨닫고는 일시에 배운 것을 다 던져 버린 뒤에 참선(參禪)을 시작하였고, 황벽 희운(黃檗希運)으로부터 법을 이었다.

한 생각을 놓다

일념편방 一念便放

목전경정 目前境靜

별무구세 別無求世

하사생욕 何事生慾

한 생각 문득 놓으니
눈앞 경계가 고요하다.
별로 세상에 구할 것이 없는데
무슨 일로 욕심을 낼까 보냐.

세상사 모든 것은 마음에서 나온다.
마음이 고요하지 않으면 일체가 어지럽다.

세상사 볼 것도, 할 것도, 구할 것도 많다지만
한 생각 되돌아보면 허무만 더한 것을

무엇을 구하고 무엇을 버리랴, 부질없는 탐욕인 것을
"한가한 도인, 망상 진리가 없어라."고 영가(永嘉) 스님이 말하지 않았던가?

다 구하려는 사람, 소장은 될지는 모르나
버리고 또 버릴 줄 아는 사람, 진정 대장부니라.

그러므로 세상을 살아가는 데 힘들어하는 사람이 많이 있다. 힘들어하는 사람들 대부분이 무거운 짐을 져서 힘드는 것보다는 마음의 무게를 감당하지 못해 힘드는 경우가 많다. 마음은 본래 형체도 없다 하지 않던가? 이 마음이 왜 무겁단 말인가? 이 형체도 구분되지 않는 마음이 무거운 것은 집착의 무게 때문이다. 고로 집착을 내려놓으면 한결 가벼운 마음이 될 터인데 이 집착이 무엇이기에 내려놓지 못하고 가슴에 매달고 등에 짐이 되어 끙끙거리는지…….

중생은 누구 할 것 없이 부족한 데서부터 왔기에 완전하기 어렵다. 완전하기 어려운 것인 줄 뻔히 알면서 완전하길 바라는 사람이 많다. 무엇이 완전한가? 무엇보다도 집착으로부터 해방이 우선이다. 주위를 둘러보면 그저 집착, 또 집착, 오직 집착뿐인 사람들이 많이 있다. 이것 내려놓지 않고서는 원하는 바를 이루기 어렵다.

불교의 가르침이 바로 집착에서 해방되는 길을 가르치는 것이다. 보라! 어찌 자랑스럽다 하지 않겠는가? 자신을 버려 만 중생을 위한다는 서원으로 무소의 뿔처럼 홀로 당당히 길 떠나는 그 모습이 아름답지 않는가?

 오늘 우리들의 모습을 들여다보면 너무도 구하는 것이 많다. 마치 언제 떠날지 모르는 나그네가 잠시 머무는 그곳에서 100년을 기약하려 드는 것과 같은 것이다. 원리는 간단하다. 우리가 세상에 나올 때에 빈손으로 나왔기 때문에 돌아갈 때도 빈손으로 가는 것이다.

 미래를 설계하는 것이 잘못이라 할 수 없다. 다만 영원하지 못해서만이 아니라, 곧 죽을 수도 있고, 그 자리에서 물러날 수도 있는데 무슨 그렇게 집착을 해서 벗어나지 못하는지 그것이 슬프다면 슬픈 것이다.

 그러해서 남에게 베풂도 가치 있는 베풂이어야 하고, 내 몸을 보시함도 쓰일 만한 몸일 때 해야 한다. 아무짝에도 쓰지 못할 정도로 병들고 쇠약했을 때 하려 드는 것은 예전 달마(達磨)가 양무제(梁武帝)의 공덕에 '무(無)'라 하였듯이 가치 없는 행위에 지나지 않는다.

금강산(金剛山)

운여산구백 雲與山俱白
운산불변용 雲山不辨容
운귀산독립 雲歸山獨立
일만이천봉 一萬二千峰

― 송시열(宋時烈)

구름과 더불어 산이 함께 희니
구름인지 산인지 얼굴을 가릴 수 없어
구름 돌아가니 산 홀로 솟았네
일만 이천 봉우리라네.

구름이 백운이라면 산은 청산이다.
구름이 번뇌라면 청산은 마음이다.
그러므로 번뇌만 떨치면 마음자리 그대로 드러나
일체의 걸림이 없는 자유인이 된다.

이 시는 구름이라는 허상과 산이라는 실체가 하나로 잘 어우러져, 구름은 분명 실체도 구분 짓기 힘든 대상이지만 구름을 통해서 산의 실체가 뚜렷하다는 것을 알 수 있게 하는 그런 글로서, 수행을 하거나 마음을 구하는 사람들에게는 '마음이 무엇인가? 번뇌란 무엇인가?' 하는 답을 잘 보여 주고 있다고 할 수 있다.

마음자리가 아무리 뚜렷해도 구름이 가려 있으면 그것은 참 마음자리라 할 수 없다. 구름을 걷고 나서야 비로소 참 마음이 드러난다. 마음이라는 것은 맑은 거울과도 같아서 늘 닦지 않으면 안 되는 것으로 신수(神秀)대사는, "몸은 보리수와 같고 / 마음은 명경대와 같아서 / 때때로 털고 닦아서 / 먼지와 티끌 끼지 않도록 하라(身是菩提樹 心如明鏡臺 時時勤不拭 勿使有塵埃)."고 했다.

절간 방 중에 대중이 거처하는 큰 방이 있다. 이 방에는 스님들이 공양을 하거나 회합, 공부방 등으로 쓰는 방이다. 이 방에 들어서면 한쪽 벽면에 보면 청산(靑山)과 백운(白雲)이라는 두 글귀를 볼 수 있다. 이 글귀는 한복판 자리인 어간(御間. 상석)에 앉은 자세로 보면 왼쪽은 '청산'이요, 오른쪽은 '백운'으로 즉, 청산은 늘 푸르지만 움직이지 않기에 주인이 앉는 자리가 된다. 백운의 자리는 나그네의 자리로서, 흰 구름은 한 자리에 정착하지 못하고 늘 떠돈다. 그래서 선방(禪房)에 좌선을 하는 선객의 자리가 여기에 해당된다.

왕유(王維. 699~759)의 시 〈송별(送別)〉을 보자.

하마음군주 下馬飮君酒
문군하소지 問君何所之
군언부득의 君言不得意
귀와남산수 歸臥南山陲
단거막부문 但去莫復問
백운무진시 白雲無盡時

말에서 내려 술이나 한잔하게.
자네, 어디로 가려나?
뜻을 얻지 못해서
남산으로 돌아가 쉴까 하네.
잘 가게, 더는 묻지 않겠네.
늘 흰 구름이 함께 하니까.

여기에 왕유의 시를 가져온 것은 '백운(白雲)' 때문이다. 왕유가 '백운이 다함이 없을 때'를 말함은 백운이 무엇인가? 앞서 언급을 하였지만 백운은 정착하지 못하고 늘 떠돌지만 산자락에 걸린 백운은 정말 가관이 아닐 수 없다. 이러해서 왕유 자신이 말년에 종남산(終南山) 기슭 어느 개울가에 머물렀듯이 산천의 백운은 그냥 구름이 아니다. 그러해서 그가 말하는 백운은 그가 떠나보내야 하는 친구에게는 좋은 벗이 될 수 있음을 말하고 있다.

그의 친구가 세상에는 자기를 알아주지 않으니 세상 밖 저편(남산)에서 얼마나 고즈넉한 삶일까? 하지만 다행한 것은 늘(無盡時) '떠도는 흰 구름'이 있어 다행이라고 여기는 말을 하지만 사실 그가 벗과 세상을 멀리하고 산 것을 볼 때, 벗이라는 것이 자신을 두고 한 말이 아닐까 하는 생각이 든다.

* 송시열(宋時烈. 1607~1689) : 본관은 은진. 아명은 성뢰(聖賚). 자는 영보(英甫), 호는 우암(尤庵)·우재(尤齋)·화양동주(華陽洞主). 조선 후기의 문신·학자로 특히 주자학에 뛰어났다. 17세기 중엽 이후 붕당 정치가 절정에 이르렀을 때 서인(西人) 노론(老論)의 영수(領袖)이자 사상적 지주로서 활동했다. 저서로는 ≪주자대전차의(朱子大全箚疑)≫, ≪주자어류소분(朱子語類小分)≫, ≪이정서분류(二程書分類)≫, ≪논맹문의통고(論孟問義通攷)≫, ≪경례의의(經禮疑義)≫, ≪심경석의(心經釋義)≫, ≪찬정소학언해(纂定小學諺解)≫, ≪주문초선(朱文抄選)≫, ≪계녀서(戒女書)≫ 등이 있으며, 문집으로는 1717년(숙종 43년)에 교서관에서 간행된 ≪우암집(尤庵集)≫ 167권과, 1787년(정조 11년)에 평양 감영에서 출간한 ≪송자대전(宋子大全)≫ 215권이 있다. 그 뒤 9대손 병선(秉璿)·병기(秉夔) 등이 ≪송서습유(宋書拾遺)≫ 9권, ≪속습유(續拾遺)≫ 1권을 간행했다.

콧구멍 없는 소

홀문인어무비공 忽聞人語無鼻孔
돈각삼천시아가 頓覺三千是我家
유월연암산하로 六月燕岩山下路
야인무사태평가 野人無事太平歌

— 경허(鏡虛)

문득 콧구멍 없는 소리를 듣고
몰록 삼천 세계가 내 집이로고.
유월 제비산 아래 길에서
야인이 무사 태평가를 부른다.

이것은 경허(鏡虛) 스님의 오도송(悟道頌)이다.

이 게송을 읊기까지는 그는 자신과 부단히 싸우고 있었다. 하루는 그의 스승인 계허(桂虛) 스님을 찾으려고 길을 나섰는데 맑은 하늘에서 갑자기 먹구름이 모이는가 하더니 뇌성벽력이 치면서 소나기가 내리지 않는가? 비를 피하기 위해 어느 집 처마 밑으로 들어서자 안주인처럼 보이는 여자가 고함을 치면서 쫓아낸다. 무슨 영문이지도 모르고 또 다른 처마 밑으로 피신을 하였는데 그쪽도 마찬가지다. 이상하다 싶어서 물었더니 그 동네에 콜레라가 돌아서 사람들이 죽어 나가는 판이었다. 당시로서는 콜레라에 대한 약도 없고 해서 그런 돌림병이 돌면 내왕을 서로 금하는 것으로 목숨을 보전하던 때다.

경허 스님은 할 수없이 비를 맞으며 거리를 배회하다, 자신도 그런 전염병에 걸려 죽을 수 있겠구나 하는 생각에 그간 자신이 공부한 것에 대한 자부심도 없어지고, 두려움과 서글픔에 그가 강설(講說)하며 지내는 동학사로 돌아왔다. 막상 돌아오긴 하였지만 마음속에서 일어나고 있는 번뇌는 가시지 않았다. 그렇게 시간이 흐르다가 문득 한 화두(話頭)가 머리를 때리듯 떠오르는데 '나귀의 일이 안 갔는데, 말의 일이 온다(驢事未去 馬事到來)'는 이 화두를 참구하자 그는 곧바로 그로부터 가르침을 받는 학인 스님들을 모두 해산하라 하고는 자기가 거처하는 조실채에서 문을 걸어 잠근 채 칼을 목에 받쳐 놓고 스스로 다짐하길, "만약 여기서 깨치지 못하면 이 칼로 찔러 죽겠다." 하는 결심으로 석 달 동안 정진을 했다. 하루는 문밖에서 가을걷이한 곡식을 싣고 와서는, "중은 콧구멍이 없는 소가 된다."는 소리를 듣고는 온몸에 전율이 일어나듯 하며 확연히 깨쳤다.

"이렇게 후련할 줄이야!" 경허는 그제야 그간 가졌던 일체의 의심으로부터 해방이 되었다. 앞선 조사관(祖師關)을 타파한 것이다. 그는 너무도 좋아서 그 기쁨을 덩실 덩실 춤을 추며 '이것이 바로 깨달음이야!' 라고 말하고 싶었을 것이다.

경허(鏡虛. 1849~1912) 스님은 속성은 전주 송(宋), 이름은 동욱(東旭), 법호는 경허(鏡虛), 법명은 성우(惺牛)이다. 근세 조계종의 선풍을 일으킨 조사로 불릴 만큼 선종(禪宗)의 중흥에 힘썼고 한국 근현대 불교를 개창했다는 대선사이다. 1849년 전주에서 태어났고, 9세 때 경기도 과천 청계산에 있는 청계사에서 계허(桂虛) 스님을 은사로 출가하였다. 1879년 11월 15일, 동학사 밑에 살고 있던 진사인, 이 처사(李處士)의, "소가 되더라도 콧구멍 없는 소가 되어야지." 하는 한마디를 전해 듣고는, 바로 깨달아 부처가 되었다. 부처님 이후 1대 조사인 인도의 마하가섭 존자 이래 달마, 임제, 청옥, 태고로 이어지는 법사자(法嗣者)로서 75대 조사이다.

그는 수행자로서 평범하게 살 때도 있었지만, 그런 시간보다는 범상을 넘어서는 기행으로 유명하였는데, 당시 기라성 같은 선승 납자들이 즐비한 가운데 단연 그가 돋보인 것은 그의 깨달음이 아닌가 한다. 그는 서산의 개심사(開心寺), 영주 부석사, 홍주의 천장암, 양산 통도사, 순천 송광사, 부산 범어사, 구례 화엄사 등에서 머물고, 때론 후학을 지도한 행장을 보면 참 여러 곳에서 머물며 지냈구나 하는 생각이 든다. 콧구멍 없는 소(牛無鼻孔處)는 중국 법안종의 종주 법안(法眼) 선사의 어록에 실려 있는 선어다. 당시 경허의 시봉을 받들던 사미승 원규는 경허의 사제인 학명의 제자였고, 이 처사는 사미승 원규의 속가 아버지였다. 1886년 6년 동안의 보임(保任)을 마치고 옷과 탈바가지, 주장자 등을 모두 불태운 뒤 무애행(無碍行)에 나섰다. 한동안 제자들을 가르치다가, 돌연 환속하여 박난주(朴蘭州)라고 개명하였고, 서당의 훈장이 되어 아이

들을 가르치다가, 함경도 갑산(甲山) 웅이방(熊耳坊) 도하동(道下洞)에서 1912년 4월 25일 새벽에 임종게를 남긴 뒤 입적하였다. 나이 64세, 법랍 56세이다. 저서에는 ≪경허집≫이 있다. 경허의 수제자로 흔히 '삼월(三月)'로 불리는 혜월(慧月. 1861년~1937), 수월(水月. 1855~1928), 만공(滿空. 1871~1946) 선사가 있다. 경허는, "만공은 복이 많아 대중을 많이 거느릴 테고, 정진력은 수월을 능가할 자가 없고, 지혜는 혜월을 당할 자가 없다."고 했다. 삼월인 제자들도 모두 깨달아 부처가 되었으며 이 외에도 그의 법 아래에서 한암(漢岩), 성월(惺月) 등의 선지식들이 나왔으며, 이들 역시 근현대 한국 불교계를 대표하는 선승들로 한국 선불교에 많은 영향을 미쳤다.

그의 내면을 읽을 수 있는 한 면을 보자, 하루는 부산 범어사에서 해인사로 가던 도중에 시 한 수를 읊었는데,

식천명고세위란 識淺名高世危亂
어촌주사기무처 漁村酒肆豈無處
부지하처가장신 不知何處可藏身
단공익명명익신 但恐匿名名益新

아는 것 없는 몸이 이름만 높이 나서
세상은 위태롭고 혼란한 때를 당해
어디에 숨어 살까 몸 둘 곳 모르겠네.

어촌과 주막거리 처소야 없으련만
이름을 감출수록 드러남 두렵구나.

이런 글귀를 보았을 때는 때론 저잣거리에서 기행을 보이기도 하였지만, 몸을 숨기며 세상에 자신을 드러내지 않고 살기를 바라는 면도 볼 수 있다. 아무튼 그는 평인이 이해되지 않는 도인이라고만 여길 뿐이지 뭐라고 가타부타 할 수는 없다. 분명한 것은 당대의 걸승으로 추앙받으며 편하게 지낼 수도 있음에도 불구하고 여러 대중의 기다림에도 아랑곳하지 않고 범어사에서 해인사 간다고 길 떠나던 그날이 그와 이별한 날이 되었다. 그렇게 갈망하는 후학들에게 그는 다시 돌아오지 않았다. 들리는 소문에 의하면 북방의 갑산과 강계 등지로 유랑하며 머리를 기르고 속복을 입은 모습으로 살아간다는 것과 어떤 시골 재실에서 동네 아이들에게 한학을 가르치며 보내다가 하루는, "내가 몹시 피곤하다." 하신 후 하룻밤 사이에 시 한 수를 남기고 입적하셨다.

그가 남긴 마지막 열반송(涅槃頌)은 이렇다.

심월고원 心月孤圓
광탄만상 光吞萬像
광경구망 光境俱亡
부시하물 復是何物

마음 달이 홀로 둥글어
그 빛이 만상을 삼키도다.
빛과 경계 함께 없으니
다시 이 어떤 물건인가?

회향품(廻向品)

되돌아보면

伴白雲四十
顧不虛過時
便覺生死理
日日却外歌

去去無絶人生路
顧々二顧恆不足
我度我行都難識
但冀僧無負人去

歲茂夏宣頭
龍門山龍門寺
一波恕正自頌

반백운사십 伴白雲四十
고불허과시 顧不虛過時
편각생사이 便覺生死理
일일겁외가 日日劫外家

백운을 벗한 지 사십 년.
돌아보면 지난 시간이 헛되지만은 않아
문득 생사의 이치를 알았으니,
날로, 날로 겁 밖의 노래를 부른다.

수행자는 늘 자연과 벗하며 산다. 자연 속에서도 백운이 수행자의 모습도 되고, 수행자의 도반(道伴)이 된다. 출가를 해서 구름을 벗 삼고, 여기저기 물길을 쫓아 오가며 살았던 날들이 엊그제 같은데 벌써 40년을 코앞에 둔다. 이럴 때는 무상(無常)하다! 무상이란 덧없음을 말하는 것으로, 영원하지 못하다는 뜻이다. 영원하지 못하다는 것은 시시각각 흐르는 시간, 변천(變遷)이 한 번 스치는 순간으로부터 다시는 그 자리에 돌아오지 않음을 인지하기 때문이다.

세상에 모든 존재하는 양상(樣相)이 영원성이 없다는 것은 배우고 아니 배우고 문제를 떠나, 누구나 다 알 수 있고, 느끼는 것이다. 다만 알고 느끼는 것이 같지 않을 뿐이다. 이것은 절절한 체험과 경험에서 알고 느끼는 것과, 그저 기록을 통하거나 들어서 아는 것과는 다르다는 것이다.

백운을 벗하며 수행의 길에 머문 날들이 어언 40년, 생각하면 산천이 몇 번이나 바뀐 시간이 흘렀다. 그러나 되돌아보면 흘러간 시간이 무상하다고 여기지만 그렇게 헛되게 보내지만은 않은 것에 위안을 삼는다.

본시 출가의 본뜻은 생사 대사(生死大事)를 해결하는 것이다. 이제 생사의 경계에 끌려가지 않음을 알았으니, 내 가슴속에 수미산(須彌山)이 요동치고, 날마다 겁 밖의 노래가 한 물결의 심원(心圓)을 그리니, 나는 오늘도 둥실둥실 두둥실 춤을 춘다네.

거거무절인생로 去去無絶人生路
고고역고항부족 顧顧亦顧恒不足
기처기행도난식 幾處幾行都難識
단기승무부인거 但冀僧無負人去

가도 가도 끝없는 인생 길

돌아보고, 돌아보고 또 돌아봐도 늘 부족한지라
어느 쯤에서 머물고 어느 쯤에서 가야 할지 도무지 알길 없어라.
다만 바란다면 중으로서 사람들에게 짐 되지 않고 살다 가리.

인생의 길은 누구나 같다. 여기에 누가 무엇이라 들이 대겠는가? 잘 사는 사람 못사는 사람, 돈이 있고 없고 하는 것은 인생이라는 짧고도 긴 여행에 있어서 가는 목적이 다를 수 없다. 쉬운 말로 하자면 모두가 죽음의 골짜기를 향하고 있다 하지 않을 사람, 그 누구인가? 다만 그 골짜기에 떨어지지 않으려고 힘든 고난의 언덕을 오를 뿐이다.

인간은 같은 조건으로 세상에 나오긴 했는데 앉고, 눕고, 서고, 머물고, 행함에 차이가 있다. 차이란 그저 남이 달리니 따라 달리고, 남이 서니 따라 서는 그런 사람들이 많다는 것이다. 남 따라가지 않고 스스로가 길을 알고 가는 사람이 얼마 되지는 않겠지만, 그 목적지를 알고 간다면 그는 되돌아보는 삶이 헛되게만 보낸 삶은 아닐 것이다.

나 역시 승려로서 중생을 어찌고 하는 말은 하지 않겠다. 다만 이 사바세계에 머물다 가는 동안 남에게 해를 끼치지 않고, 고요한 바람처럼 슬며시 가고 싶을 뿐이다. 그것이 이렇게 살아온 나의 삶에 하나의 바람이다.

한때의 즐거움

일기진락 一期珍樂
부지락시고인 不知樂是苦因
— 치문(緇門)

한때의 즐거움을 탐하면
그 즐거움이 고의 원인이 될 줄 알지 못한다.

즐거움을 싫어하는 사람은 없을 것이다. 다만 즐거움만을 너무 쫓아가다 보면 그것이 스스로의 인생을 파멸로 떨어뜨릴 가능성이 있다.

사람은 태어난 그 순간 축복을 받았다고 할 수 있는데 그것은 인간 세상에 인간의 몸으로 나올 수 있었다는 사실이 축복받을 가치가 충분하다 하겠다.

불교적으로 보면, 전생의 큰 선근의 복덕을 짓지 않고서는 사람의 몸을 받을 수 없다. 그래서 스님들이 법문할 때, "인생을 만나기 어렵고 불법 만나기 어려운데, 인생을 만났고 불법을 만났으니 얼마나 다행한 일인가(人生難得 佛法難逢)?"라고 하는 것이다.

예전에 내가 입산 출가한 지 얼마 되지 않았을 적에 내가 머문 대구 D 사찰 도량에서 우연히 과거의 친구를 만나게 되었는데 그 친구는 나를 대하는 순간 깜짝 놀라면서도 그렇게 살아가는 모습이 뜻밖이라는 듯 그렇게 헤어졌는데 어느 날 편지가 한 통 왔다.

"스님! 이렇게 불러야겠지요?
모 형을 그곳에서 만날 줄은 정말 의외였소. 아시다시피 지금 사회는 하루가 새롭게 변하는 관계로 조금은 혼돈스럽기까지 합니다. 그렇다 해서 모 형이 무엇이 아쉬워 그 어려운 길을 택했을까 생각을 해보긴 하였지만 나로서는 이해가 되지 않아요.
모 형! 이런 말이 생각이 나네요. 우리 동네 어귀의 K 형이 '야, 인생이란 긴 것이 아니니라. 고로 너희들은 부지런히 공부해라. 배워서 남 주냐?' 이런 말 들을 때, '별로'라는 생각을 하던 그때가 생각이 나네요.
모 형을 생각하면 결코 쉽지 않은 길을 택하였다는 생각을 하며, 내 머리에서 아른거림은 어쩔 수 없다오. 하지만 이미 그 길을 갔을 때는 많은 생각을 하였으리라 믿으며 뜻한 바를 반드시 이루길 바라오.
모 형, 우리 언제 다시 볼 수 있을까요? 동네 형 말대로 인생은 결코 긴 것만은 아니라고 생각하면 지금은 꿈에 젖어 내일을 기다리며 보내지만, 이런 날들이 얼마나 지속될까 생각해 보면 나도 무엇인가 열심히 노력해야겠다는 다짐을 해본다오.
아마도 흰 머리카락 듬성듬성 나오고, 흰 수염마저 만질 즈음이면,

쓴 미소 머금은 채 지난날들이 몹시 그립지 않을까 생각하니 허허, 오늘따라 나답지 않는 말을 많이 했음을 이해 바라오.

　모 형, 이미 그 길에 들어섰으니 각자 자기 길 따라 가 봅시다. 다만 먼 훗날 그때 다시 만나면 우리가 자주 들렸던 부전동 그 곱창집에서 늘 함께 먹었던 막걸리나 한잔 하면 좋지 않겠소, 허허."

　내가 지금 이 글을 쓸 때에 마침 그 친구가 보낸 편지가 생각이 나는데, 그 친구 말대로 지난날들이 엊그제 같은데 이미 흰 수염마저 날리니 참으로 세상은 빠르기가 전광석화 같음이 이렇게 실감날 줄이야……

　옛사람들이 젊은 후학에게, "때는 두 번 다시 돌아오지 않는다. 이때를 놓치지 마라(時乎 時乎不再來勿入期時)."고 한 말을 늘 새기고는 있지만, 오늘 더욱 새롭게 다가온다.

우리들의 인간상(我等人像)

我等人像
一心二門 眞如門 生滅門
己丑年 初夏 龍門山人 一波 姪 丙允

一心二門

一眞如門
一生滅門
― 원효(元曉)

한 마음에 두 가지 문이 있다.

하나는 진여(眞如) 문이요,
하나는 생멸(生滅) 문이다.

사람들이 사람의 마음을 청정하게 보는 수도 있고, 그렇지 않게 보는 수도 있다. 기신론(起信論)에서 원효 스님은 인간상이 '청정한 마음(眞如)'과 '악한 마음(生滅門)'을 함께 가지고 있다고 보았다. 이것은 절대치를 인정하지 않는 것으로 서로 차별하는 것이고, 그런 차별이 원융(圓融)해서 다시 하나가 된다는 것이다.

그러나 인간의 마음이라는 것이 묘해서 알려고 하면 할수록 알기 어려운 것이 마음인지라 불교적으로 보면 '생멸을 떠난 마음도 없고, 본심(청정심)을 떠난 마음도 없다.' 는 것이다.

선이란 한없이 좋은 것만은 아니며, 악도 한없이 나쁜 것만은 아니다. 한없는 선한 마음이 때론 악함을 유도하게 되고, 한없는 악이 때론 선을 일깨우기도 하기 때문이다.

무엇이 선이고 무엇이 악인가?
선이란 슬기로움, 악의가 없는 것, 한결같은 것, 측은지심(惻隱之心)을 내는 것이다. 악 또한 마찬가지다. 나를 위하여 상대를 불편하게 하는 것, 나만의 이익을 위하여 상대를 비참하게 하는 것, 앞서 언급한 것처럼 무한의 선이 좋다고만 할 수 없다는 것은 선 그 자체가 나쁘다는 것이 아니다. 다만 인간은 이성을 가지고 있다 하지만 때론 이성을 잃을 때도 있고, 자기의 탐욕 때문에 이웃이나 남에게 엄청난 피해를 줄 수 있다는 것이다. 여기서 적당히 제재(制裁)를 가하는 것이 악이라 할 수 있는데, 이것은 악을 위한 악이 아니다. 바른 선으로 인도하기 위해서 방편에 지나지 않는다.

한 예로 내 집에 찾아온 어떤 이웃이 있다고 하자. 그는 모든 사람과 다름이 없었다. 그러나 그가 다녀간 뒤가 문제다 그가 간 후에는 반드시 사소하게 여길 수도 있는 작은 물건이 없어지는 것이 아닌가. 그 뒤에도 이런 일이 계속되었다. 그러나 너무도 사소한 일이라 어찌해야 할까 생각을 하였다. 그러던 어느 날 그가 다시 집으로 왔다. 그리곤 가고 나면 역시 사소한 물건이 없어졌다. 어찌해야 좋을지 생각하던 차에 그를 이해하려고 하다가도 또다시 생각하면 기분이 나쁘다. 이럴 때 어떻게 해야 하나, 만약에 좋은 것이 좋다, 또 나에게는 사소한 것들인데 그가 필요하니 가져갔겠지, 생각을 한다면 그것은 선의 마음은 될지 몰라도 진정 그를 위해서는 도움이 되지 않는다.

 진정 그 사람을 위하는 마음이 있다면 단호하고 냉정하게 그의 잘못을 지적하고, 그런 행동이 옳지 못하다는 것을 말해 주어야 한다. 만약 인정상이라든가, 선의 마음을 가지는 마음만 가지고는 그를 도와주는 것이 아니다. 그 사소한 일들이 어느 날 그로 하여금 큰 범죄를 저지르게 하는 것이다.
 이럴 때는 필요악(必要惡)이란 말이 있듯이 적당한 악함이 그를 위해서 도움이 된다. 이러하기에 선이라고 영원한 선은 아니고, 악함이라 해서 무조건 악한 것만은 아니다. 물론 악은 분명 악이다.

행복하기 위하여

가슴에 행복이 가득한 사람
특기 필요없고
마음 속에 늘 들도 간직한 사람
진리가 필요하지 않다

가슴에 행복이 가득한 사람
도가 필요 없고,
마음속에 늘 도를 간직한 사람
진리가 필요하지 않다.

 인간의 궁극의 목적은 행복이다. 이 행복을 '아니다' 라고 부정할 사람은 단 한 사람도 없을 것이다. 다만 행복을 어떻게 구할 것인가, 하는 문제는 간단하다. 스스로 구하면 된다.

 스스로 구하면 되는 줄 알지만 이것이 만만찮다. 1993년에 입적하신 성철 스님도, "현재보다 더 나은 행복이 있다면 나는 기꺼이 그 길을 가겠다." 하시지 않았던가? 길이란 스스로 택하면 되겠지만 그 길을 택하는 것도, 찾는 것도 참 어렵다면 어렵다.

 세상에는 갈 수 있는 길이 있다면 갈 수 없는 길도 있을 것이고, 설사 갈 수 있는 길일지라도 내가 가야 할 길이 아닌 길도 있어서, 이래저래 길을 찾고 길을 구하는 것들이 마치 장사하는 사람은 저기 어떤 사람이 여기 와서 내 물건을 사 줄 수 있을까 궁구하는 것과 같다.

그럼 진정으로 행복이란 무엇인가?

행복을 찾고서도, 행복 속에 함께 하여도 행복을 모르는 경우도 많다. 가령 어른들이 어린아이를 바라보노라면 '너희들은 참 행복하구나.' 할 수는 있겠지만 그것을 행복이라 단정하기 어렵다. 왜냐하면 당사자인 그 어린아이는 행복을 느끼지 않을 수 있기 때문이다.

우리 불가에 출가한 사람들이 가끔 행복에 대하여, "나는 출가하길 잘했다. 만약 내가 출가하지 않았더라면 지금 어떻게 지낼까?"라는 말을 하지만, 과연 현재는 행복한가, 묻는다면 행복하다고 말하기도 쉽지 않다. 그것은 현재가 불행하다는 뜻은 아니다. 다만 더 나은 행복을 기대하고 있을 뿐이기 때문이다.

그대, 당신이 진정 행복하다면 출가를 결심하는 사람도 없을 것이고, 또한 종교에 의지하는 사람도 없을 것이다. 궁극적으로 종교에 귀의하는 것도 행복을 찾기 위한 것에 불과 하다.

그러해서 마음에 행복이 가득한 사람에게 도다 뭐다 하는 것 등은 해당되지 않는다. 도라는 것도 마찬가진데 마음속에 늘 도심(道心)이 가득하다면 그 또한 진리라는 것을 구하려 들지 않을 것이다. 진리와 도라는 것은 같은 것이지 서로 다른 것이 아니다.

다만 어린아이들 스스로는 행복한 속에 머물러도 행복을 느끼지 못하는 것처럼 타인이 볼 때 행복은 타인이 보는 것일 뿐이다. 진정한 행복은 스스로 느껴야 한다. 스스로 느끼기 위해서 현재를 감내하면서 살아가는 사람들이 대부분이다.

스님들에게 출가의 뜻을 묻지 않는다 하는 이야기도 다 그와 같다. 출가할 수 있는 인연은 한마디로 고독한 나그네와 같은 것이다. 현실 속에서 행복에 젖어 있다면 그는 출가해야 하는 결심을 할 수 없다. 좋은 예로 불교는 삼세 종교가 아닌가? 그러해서 출가한 스님들이 금생에 생사 대사(生死大事)의 일을 마치려 하지만 마치지 못함을 느끼고는 차생을 위하여, "대자대비(大慈大悲)하신 부처님, 이 몸이 금생에는 근기(根機)가 너무도 미약해서 도업(道業)을 이룰 수 없으니, 다음 생에는 아주 가난한 집의 아들로 태어나 일찍 출가를 하게 해서 반드시 금생에 못다 이룬 도업을 성취하게 하여 주십시오." 하는 발원을 세운다.

이 세상에는 무엇이 중요하고, 무엇을 하고 싶어 해도 그 궁극에는 행복을 얻는 것이다. 그 행복을 얻기 위해서 운수납자(雲水衲子. 참선 방을 다니며 수행하는 스님들)가 되어 몸에는 누더기 한 벌 걸치고 구름 따라 물 따라 사방을 활개하며, 때론 가행 정진(加行精進)에 들어서 하루 24시간을 그냥 그 자리에서 일어나지 않고 정진한다. 그 궁극에는 생사 대사의 일을 마쳐야 한다는 정신으로 화두 삼매(話頭三昧)에 빠져든다.

세월을 보다

역천겁이불고 歷千劫而不古
긍만세이장금 亘萬歲而長今
다경해악상천 多經海岳相遷
기견풍운변태 幾見風雲變態
— 금강경오가해(金剛經五家解) 함허(涵虛)

천겁을 지나도 옛 아니요,
만년을 나아가도 지금이라.
바다와 산이 서로 바뀌었는데
풍운의 변태를 얼마나 보았나.

삼라만상은 본래 시작이 없는 가운데 왔으며
시간 또한 정할 수 없는 것.
본디 한 물건도 없는데
바뀌고 말고 할 것이 무엇이랴.
늘 변한 줄 알다가 변한 줄 모를 때면
이미 천말(天末) 솟구친 기러기 거늘
한 생각 돌리면 극락임을 어찌 모른다 하리.

세상은 서로 다투는데 한 생각 쉬지 못하고
서로가 서로를 미워하고 원망해서
어느 때는 내 편이 되고 어느 때는 저쪽 편에 선다.
무엇이 내 것이라 할 것이며, 무엇이 내 것이 아니라 할 것인가.
어차피 때가 되면 다 놓고 가야 하거늘
무엇을 욕심내고 말 것인가.

본시 인생이란 늘 허허로운 것,
채워도, 채워도 다 채우지 못하는 것,
이미 내 것이 아니거늘,
무엇에 그토록 집착한단 말인가.
차라리 한 마리 새처럼 허공을 배회하며,
멀리 멀리 높고도 먼 곳에서
바라보는 즐거움을 가질 수 있다면,
집착해서 얻어지는 즐거움과 고통보다는
열 배 백 배 더한 무구의 즐거움인 것을.

가는 세월을 누가 잡을 수 있을 것이며,
오는 세월을 누가 막을 수 있을까.
세월은 덧없는 것,
때가 그대를 맞이할 수 있을까.
명이 그대만을 위해 연장할 수 있을까.

한 번 지나가 버린 시간은 다시 찾아오지 않아서
고인이 이르기를, "때는 두 번 다시 돌아오지 않으니
이때를 잡아 놓치지 마라." 하지 않았던가?

* 함허(涵虛) 스님(1376~1433) : 조선 초기 충북 충주 출신, 법호는 득통(得通), 당호는 함허(涵虛), 본관은 충주(忠州), 속성은 유(劉), 이름 수이(守伊). 1396년(태조 5년) 21세 때 관악산 의상암(義湘庵)으로 출가했고, 경기도 양주 회암사에서 무학(無學)에게 법을 들었다.

걸림 없는 사람

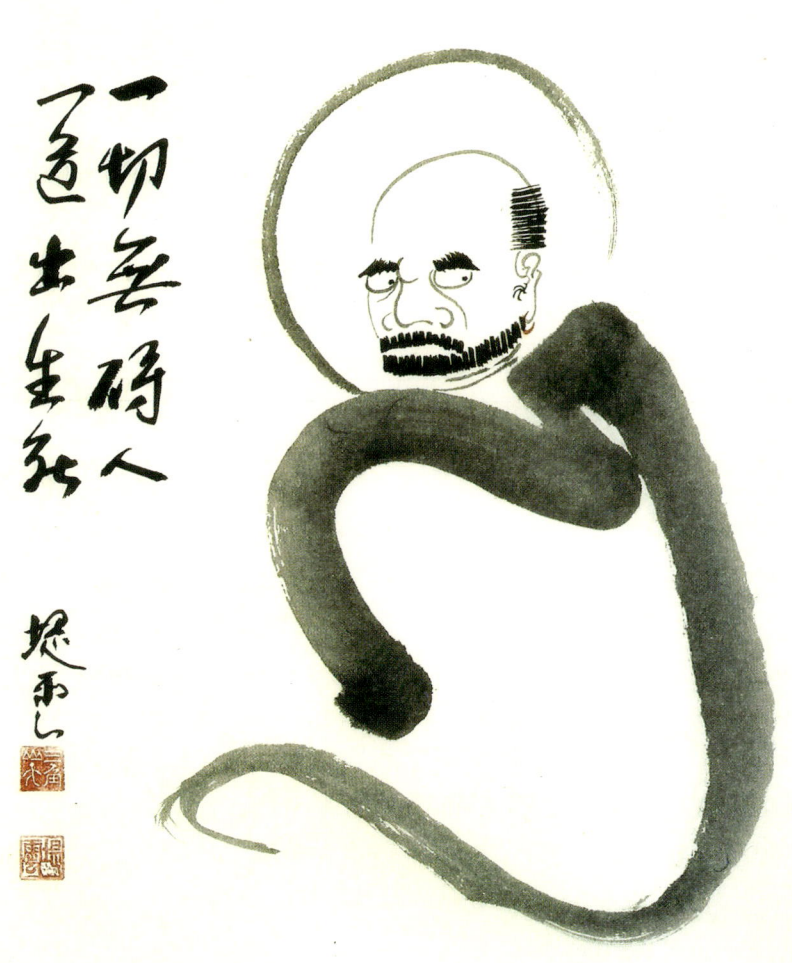

일체무애인 一切無㝵人
일도출생사 一道出生死
— 원효(元曉)

일체 걸림 없는 사람
한길에 생사를 넘는다.

　원효는 일찍이 그의 저술에서도 밝혀 왔지만, 부처와 중생이 다르지 않다고 보는 것이다. 그는 ≪기신론(起信論)≫의 〈별기(別記)〉에서, "한 마음에 둘의 문이 있다. 하나는 진여문(眞如門)이요, 하나는 생멸문(生滅門)이다."라고 하였다. 진여가 청정한 마음이라면, 생멸하는 마음은 청정하지 못한 마음을 말한다. 이것을 달리 표현하면, 인간이란 누구나 불성이 있는가 하면 중생심도 있다는 것이다. 그러니 우리의 현상세계에서도 절대치는 없다는 뜻으로 보기에 모든 차별이 본래 하나요, 그 하나가 결국 차별이 된다. 그래서 우리들의 인간의 실상에서 존재하는 모든 차별을 그대로 인정해야 한다는 것을 말하는 것이고, 그러므로 차별을 이원론적이 아닌 그냥 하나의 현상으로 보므로 그것이 서로 인정되는 사회를 외치므로 여기서 원융(圓融)이 나오고 화쟁(和諍)이 성립

된다는 것이다.

그는, "무릇 중생의 마음은 원융하여 걸림이 없는 것이니 태연하기가 허공과 같고 잠잠하기가 오히려 바다와 같으므로 평등하여 차별이 없다."라고 했다.

오늘 우리들의 삶을 되돌아보면 무엇이 그렇게 하는지 모를 정도로 정신이 혼미하고, 걸리는 것이 많은지 모르겠다. 모두가 경험하는 바지만 때로는 귀신에 홀리기라도 하듯 무언가에 쫓기는 듯한 삶을 살아간다는 것을 느낄 수 있다. 이러한 삶의 한가운데에는 우리 사회가 너무 팽창하다 보니 한 발짝의 여유가 없다. 마치 밖에는 수많은 그물이 있어서 그 그물을 피해 가야 하는 것 같은 그런 사회 속에 우리가 서 있다고 할 수 있다.

걸림 없이 산다는 것이 쉬운 일은 아니다. 불가는 그냥 출가했으니 걸림 없이 살 수 있겠지, 생각한다면 그것은 잘못 생각하는 것이다. 걸림 없이 살 수 있으려면 일체의 집착으로부터 해방이 되어야 하는데 일체의 집착으로부터 해방된다는 것이 쉽지 않다. 그러니 보통 사람들이야 말해 뭣하겠나? 원효(元曉)는 진정 걸림 없이 살았다. 어느 때는 거지들과 거닐면서 고락을 함께 했는가 하면, 어느 때는 땅꾼들의 스승이 되었다. 어느 때는 도적들을 제도해서 그들과 함께 거리에서 '나무아미타불'을 불러댔고, 그런가 하면 그는 자기의 후세를 잇기 위해, "자루 없는 도끼를 구한다."고 외쳤다.

그것으로 그는 파문을 당한 직후, 소성(小性)이니, 복성(卜性)이니 하며 스스로 거사(居士)라 자칭했다. 그런 그가 귀족의 자식으로 출가했는가 하면 최고의 권력 기관인 왕실을 마음대로 들락거렸다. 그는 위대한 스승이라 불리는 것보다는 하나의 인간 원효를 바랐는지도 모른다. 그는 분명 깨달았고, 한 시대만을 빛낸 인물이 아니라 시간이 가면 갈수록 그의 위대함은 변하지 않았다.

그가 그냥 깨달았고, 그냥 위대하지 않았음은 그가 모시고 의지한 대안(大安)을 보면 안다. 대안 법사가 누구인가? 신라의 수도, 지금의 경주 고을마다 그를 모르는 사람이 어디 있었을까? 그야말로 무애행(無碍行)에, 걸림 없는 도인이 아닌가? 그의 행색은 비록 남루한 걸인처럼 그렇게 다니면서, "나, 대안(大安)이요." 하고 대문을 툭툭 치면 안에서 아낙네가 나와서 공양을 대접하였다.

지금 생각하면 참으로 아름답고 멋있는 삶이 바로 이런 것이 아닌가 하는 생각이 드는 것은, 그가 바로 신라가 낳은 위대한 고승 원효의 스승이 아니던가?

적어도 그 무엇인가를 구하려거나 이루려는 사람은 먼저 구하기 전에 버림을 배워야 한다. '버림'은 아름다운 단어가 되어 '버림의 미학'이라는 수식어가 붙을 수 있어도, 취하려 드는 것에는 아름답기가 어렵다. 그것은 욕심과 인위(人爲)가 따르기 때문이다.

그러므로 하나를 얻으려면 하나를 버릴 줄 알아야 한다. 하나를 버리지 못하는 사람이 어찌 열을 취할 수 있단 말인가? 하나가 열이요, 열이 하나라는 사실은 ≪화엄경(華嚴經)≫에서도 누누이 말하고 있다. 흔히 중얼거리듯 하는 염불 〈법성게(法性偈)〉에도 있다.

그대들이여, 진정 걸림 없는 사람이 되고 싶다면 먼저 크게 버려라. 크게 버릴 줄 알아야 큰 것을 얻을 수 있다. 그대가 내던진 일체는 크게 보면 미미하다. 그러나 당신이 얻을 수 있는 일체는 그 크기를 가늠하기 힘들 정도가 된다. 마치 금강경에서, "수보리야, 동방의 허공을 짐작하겠느냐?" 하고 묻자 수보리가, "모르겠습니다."라고 한 것처럼.

---

* 원효(元曉, 617~686) : 법명은 원효(元曉), 속성은 설(薛), 속명은 서당(誓幢), 또는 신당(新幢), 호는 화정(和淨)이다. 아버지는 신라 11관등인 설담날(薛談捺)이며 설총이 아들이다. 이 외에 서곡사미(西谷沙彌), 백부논주(百部論主), 해동법사(海東法師), 해동종주(海東宗主)라 불렸다. 고려 시대에는 원효보살, 원효성사(元曉聖師)라 존칭되고, 화쟁국사(和諍國師)라는 시호가 내려졌다. 신라 십성의 한 사람으로 꼽히며, 해동종(海東宗)을 제창하여 불교의 대중화에 힘썼으며, 불교 사상의 융합과 그 실천에도 노력한 고승이다. 현존하는 그의 저서로는 ≪금강삼매경논소(金剛三昧經論疏)≫, ≪대승기신론소(大乘起信論疏)≫, ≪십문화쟁론(十門和諍論)≫, ≪화엄경소(華嚴經疏)≫ 등 20부 22권이 있으며, 전해지지 않는 것까지 포함하

면 100부 240권이나 된다. 특히 ≪대승기신론소≫는 중국 고승들이 '해동소(海東疏)'라 하며 즐겨 인용하였다. 또한 명저 ≪금강삼매경논소≫는 인도의 마명(馬鳴), 용수(龍樹) 같은 분들이나 얻을 수 있는 논(論)이라고 칭할 정도의 대저작이다.

하나를 취하기 위해

하나를 취하려면
하나를 버려라
둘을 취하려면
둘을 버려라
셋은
이름 탓을 수
없으니
영원할 수
없는 것
더는
바라지 마라
욕심은
나를 죽이고
이웃도 해가 된다

하나를 취하려면 하나를 버려라. 둘을 취하려면 둘을 버려라. 셋은 아름다울 순 있어도 영원할 순 없는 것, 더는 바라지 마라. 욕심은 나를 죽이고 이웃에 해가 된다.

우리들의 괴로움 중에는 취하려 하기 때문에 생기는 괴로움이 많다. 생각해 보라. 아무것도 취하려 하지 않는다면 무엇이 괴롭겠는가?
 인간의 삶에 있어서 괴로워함이 당연하다면 따라서 행복을 꿈꾸고 그 행복함에 잠시 젖어 드는 것 또한 당연하다.

다만 인간에 있어 늘 떨쳐 버리지 못함이 있다면 그것은 과욕이다. 이 과욕의 사슬이 스스로를 묶게 되어 삶이 더욱 힘들게 된다.
 그러므로 하나를 취할 때 하나를 버리고, 둘을 취하려 둘을 버릴 수 있는 사람이라면 그는 스스로 삶의 괴로움으로부터 벗어날 수 있는 삶을 살 수 있다.

오늘날 우리들의 삶의 면모를 들여다보면 취하려고만 하지 버릴 줄 모른다. 적어도 하나를 취하려면 하나를 버릴 수 있을 때 그는 둘도 취할 수 있고 셋도 이루어진다. 그러나 셋이라는 숫자의 의미를 보자면

'하늘, 땅, 그리고 사람' 나는 이것이 셋이라는 숫자의 의미인데 이것은 하나의 상징적 의미라고 말한다.

그것은 세상이 세상으로 존재할 수 있는 의미가 바로 셋이라는 숫자가 된다. 아무리 뛰어난 그 무엇이라 할지라도 홀로는 존재 자체가 성립되지 않는다. 그것이 성립되자면 또 하나가 존재해야 하니, 그것이 바로 둘이다. 그런데 둘은 둘 자체만으로는 영원할 수 없다. 존재하고 영원하기 위해서는 셋이 되어야 한다.

셋이란 식물의 꽃과 같아서 그 어떤 식물도 꽃 피우지 못하면 영원할 수 없다. 그렇지만 그 꽃 자체는 영원하지 못하다. 그러해서 꽃이 핀 그것으로 족한 것이지, 그 꽃에 영원을 부여하지 말라는 것이다.

영원을 부여하는 그 순간이 바로 과욕이 될 것이며, 그 과욕이 스스로를 괴롭게 하며 나아가 주변을 불편하게 한다. 보라! 내가 나의 동반자를 만나 내 몸에 핵분열을 해서 2세가 나왔다. 그 순간 세상을 다 얻은 듯한 느낌은 자식을 낳아 본 분은 공감할 것이다. 그렇지만 그것은 하나의 기쁨이 있을 뿐이지, 그 기쁨이 나와 함께 영원할 수는 없다는 것이다.

세상에는 그 무엇도 영원할 수 없다. 영원할 수 없음을 뻔히 알면서 함께 영원을 바란다면 그 또한 불필요한 과욕을 내는 것이 되며, 그것으로 괴로운 삶이 되는 것이다.

인간이란 산에 오를 때에는 산의 정상을 밟고 싶은 마음만 가지고 산을 오르다가도, 오르는 중간에 아름다운 꽃을 보게 되는데, 그때 욕심이 생긴다. "이 꽃을 가져갔으면 좋겠는데……." 바로 이런 생각 때문에 어떻게 가져갈까, 가져가면 어떻게 해야 할까, 하는 등 불필요한 고뇌를 하게 된다.

사실 행복도 스스로 만드는 것이라면 고통도 스스로가 만드는 것이다. 산에 와 보니 산에서 보는 꽃이 좋다면 다시 산을 찾아 그 꽃을 보게 된다면 한 발짝도 움직이지 않고 언제나 그 자리를 지킨 꽃을 더욱 아름답게 볼 수 있을 것이다.

누가 승속(僧俗)을 묻나

산고해심 山高海深

일생월락 日生月落

수승혜속혜 誰僧兮俗兮

출승속선참상 出僧俗善參詳

육육종래삼십육 돌 六六從來三十六 咄

— 야부(冶父) 송(頌)

산은 높고 물은 깊어라.
해는 나고 달은 진다.
누가 스님이다, 속인이다 말하는가?
승속을 떠나 자세히 살펴보면
육육은 본래 삼십육이니라. 쯧.

높은 만큼 깊음도 있다. 해가 나오고 달이 지는 것은 자연의 순리를 말한다. 이러한 자연의 순리 속에 인간들이 살아가는데, '누가 승속을 말하랴' 라는 대목은 자신의 마음자리만 바로 알면 되는 것이지, 거기에 무슨 출가자냐 세속인이냐 하는 것은 중요하지 않다는 것을 말하고 있다. '본래 한 물건도 없다.'고 하지 않았나? 또한 '설사 한 물건이라 해도 맞지 않다(說似一物卽不中).'라는 말을 남악(南嶽) 화상이 했는데, 물론 이 말은 육조 혜능(六祖慧能) 스님의, "어떤 물건이 이렇게 왔는가?"에 대해 8년이라는 침묵을 깨고 나올 수 있었다.

'승속을 떠나 자세히 살펴보면' 이 말은 도의 분상(分相)에서 자세히 살피라는 말로 잘 참구(參究)하면 물을 마시면 물맛이 어떤지 스스로 아는 것과 같다.

해와 달, 산하대지의 본분사와 나아가 생사의 일여한 그 맛을 알게 된다는 것으로 '육육은 본래 삼십육'이 될 테니까, 여기서 무슨 범성이 있을 것이며, 너나 나라는 주객이 붙을 것인가?

여기 주객이 끊어진 자리에서 한 번 읊어 보았다.

저녁연기 피어오르고
창살은 빗물에 젖어
영계(靈溪)의 물소리 더해도
조주(趙州) 차 한잔에
주객(主客)의 경계 끊어지니
삼세불(三世佛)도 그대로요,
범성(凡聖)도 분명해서
청산(靑山)은 부동(不動)이요
유수(流水)는 바람이어라.

어젯밤 관음(觀音)의 소식을 아는가,

난초 잎에 이슬 꽃이어라.

— 〈내 마음의 이야기〉에서

* 야부 도천(冶父道川) 스님 : 생몰 연대가 뚜렷하지 않다. 다만 송나라(1127~?) 사람으로 추정할 뿐이다. 성은 추(秋)씨, 이름은 삼(三)이다. 군의 집방직에 있다가 재동의 도겸(道謙) 선사로부터 도천(道川)이라는 호를 받았다. 정인 계성(淨因繼成)의 인가를 받아 임제의 6세손이 된다.

평등한 성품

평등성중무피차 平等性中無彼此
대원경상절친소 大圓鏡上切親疎

— 야운(野雲) 비구 ≪자경문(自警文)≫

평등한 성품에는 너와 네가 없고
크고 둥근 거울 앞에서는 멀고 가까움이 없다.

세상을 살다 보면 높낮이가 많음을 느낀다. 하지만 크게 보면 높낮이는 없다. 저 넓고 푸른 물결을 보라! 물결이 바람이 불면 파도가 일어났다가도 바람이 자면 제자리로 돌아온다. 높고 낮음은 평등을 이루기 위한 준비 과정에 지나지 않는다.

세상의 기준은 평등하지만 평등을 얻지 못함은 세상이 아니라 내 마음이고 내 자신일 뿐이다. 돈이 많은 사람은 열심히 더 노력한 결과인 것을 그것이 나는 왜! 왜! 한다면 그것은 자신의 무지거나 자신의 이기에 지나지 않는다.

세상을 살아가자면 물질이 중요하다. 그것이 현실이다. 그러나 그보다 앞서는 것이 사람과의 관계다. 사람을 대할 때 그냥 무심히 대하는 사람도 있는가 하면, 치밀히 준비해서 대하는 사람도 있다. 그러나 무엇보다 평등한 마음이 우선되어야 한다. 마음의 차별이 있으면 그것은 삿되다. 스스로의 마음에 삿됨을 가졌는데 어찌 좋은 결과를 바랄 수 있겠는가? 그러니 마음에 사사로움이 없다면 너와 내가 없는 하나가 된다.

또한 세상을 살아가는 데 있어서 멀고 가까움을 느낄 수 있다. 이것 또한 넓은 세상으로 보면 멀고 가깝지 않다. 멀고 가깝다는 것은 내 마음이 협소해서 그럴 뿐이다. 보라! 코앞에서 보고 판단한 것이 멀리 떨어져 보았을 때 같은 판단이라 할 수 있겠는가! 사람은 시간과 환경과 당시의 마음가짐에 따라서 다르다. 그것이 다르다는 사실을 받아들여야 한다.

고인(古人)이 말하길, "다만 알지 못했음을 알 때, 이는 곧 스스로 성품을 본다(但知不知 是卽見性)."라고 하였다. 이렇듯 세상을 살아가자면 겪어야 할 일들이 수없이 많다. 그러하기에 세상을 잘사는 것, 못사는 것이 남 탓이 아니라, 다 내가 만들어 내가 사는 것이다. 다만 세상을 잘 살기 위해서라면 먼저 평등한 마음으로 세상을 볼 것이며, 큰 거울 앞에 함께 서 있다는 생각을 한다면 세상을 이겨내는 길이 한결 수월하지 않을까.

* 야운(野雲) 비구(比丘) : 생몰 연대는 고려 말로 추정할 뿐이지, 자세한 내용은 알 수 없으며, ≪자경문(自警文)≫은 스스로를 경책하는 글이다.

나는 누구인가

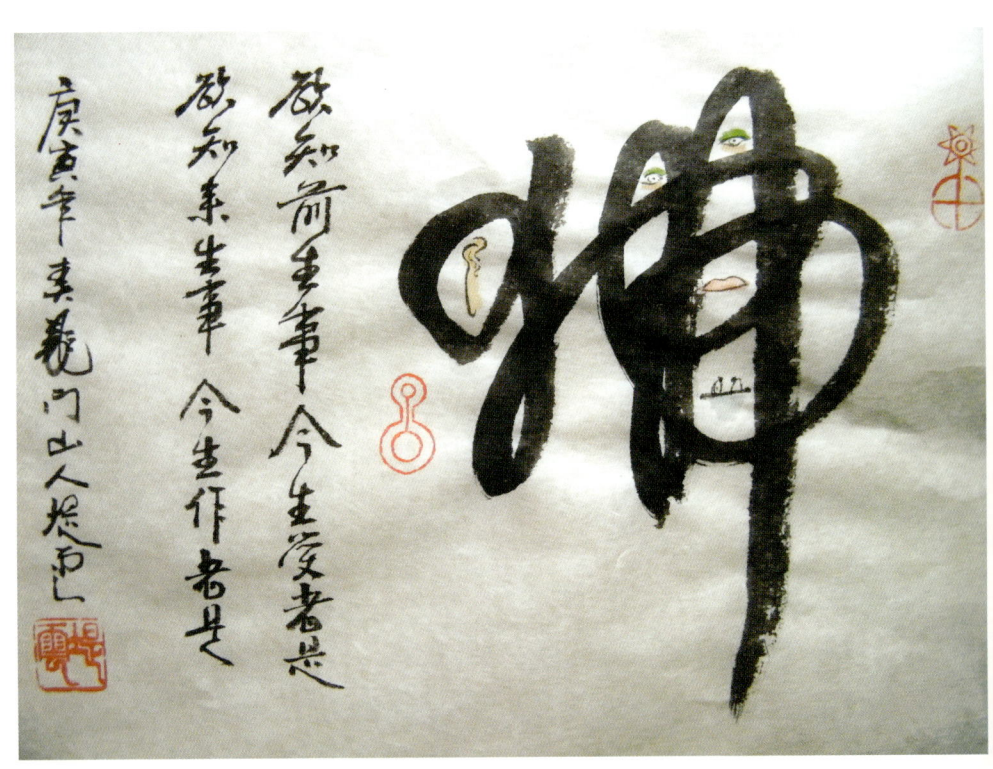

욕지전생사 欲知前生事
금생수자시 今生受者是
욕지래생사 欲知來生事
금생작자시 今生作者是

전생의 일을 알고자 하면
금생의 받은 것이 이것이니라.
다음 생의 일을 알고자 하면
금생에 하는 행위가 이것이니라.

누구나 과거의 '나', 전생의 '나'는 누구인가? 하는 것을 한 번쯤 의심해 보지 않을 수 없었을 것이다. 간단히 말하면 과거의 나도 현재의 나를 통해서 나일 수밖에 없고, 미래의 나도 현재의 나를 보면 알 수 있다. 과거란 현재를 인정하게 만든 것이고, 미래 또한 현재를 저버릴 수 없다. 다시 말해서 현재의 나든, 과거의 나든, 미래의 나든, 불멸하며 돌고 도는 것이다. 이것이 윤회이며, 이것의 주체가 나일진대, 현재의 나보다 보다 향상된 나를 바란다면 현재의 나를 어떻게 이끌 것인가 하는 당면 과제가 된다.

나란 주체가 존재하므로 저것의 주체를 인식하게 되는데, 나란 주체가 없으면 저것뿐만 아니라 모든 존재는 존재하지 않는다.

그러므로 삼세를 지향하는 종교적으로 보면, 현재의 나는 참으로 중요하다. 현재는 현재의 결실을 거둠과 동시에 미래를 향한 씨앗을 뿌리기 때문이다. 금강경에 '과거심불가득 현재심불가득 미래심불가득(過去心不可得 現在心不可得 未來心不可得)'이라 하였는데, 과거는 이미 지났음을 말하고 현재는 이미 지나가고 있으니 현재 심(心)을 얻을 수 없으며, 미래 심(心) 또한 아직 오지 않았기에 얻을 수 없다는 것이다.

현재, 과거, 미래 모두 시간을 말하는데 시간이란 동전의 양면과 같은 것이다. 이쪽에서는 가는 것이고, 저쪽에서는 오는 것이 된다. 이 말은 결과적으로 우리가 그렇게 느낄 뿐, 시간은 본래 가고 옴이 없다. 굳이 말하자면 돌고 돌 뿐이다.

돌고 도는 시간을 종교적으로 보면 윤회(輪廻)라고 표현하는데, 그것도 더 먼 시간 속으로 보면 그것마저 없는 것이다. 이렇게 말을 하면 억지 논리라 말하는 사람이 있을 것이다. 그러나 무상한 시간 속에서 윤회하는 우리들이 모를 뿐이지, 본래 와도 온 것이 아니고, 가도 간 것이 아니다. 이것은 눈을 가진 사람이 아무리 밝은 눈을 가졌다 해도 보는 것에 한계가 있어서 일정한 거리가 멀어지면 더 볼 수 없는 것과 같은 것이다.

새가 하늘 높이 날고 있지만, 새가 보이지 않는다고 해서 날지 않는다고 할 수 없는 것과 같은 것이다. 그러하기에 우리는 현재의 시간을 중요하게 여겨야 한다. 한 번 지나가 버리면 다시는 돌아오지 않을 뿐 아니라, 그렇게 흘러간 시간은 마치 우주에 떨어져 미아처럼 된 물체를 찾을 수 없는 것처럼 우리에게 한 번 주어진 시간은 진정 일기일회(一期一會)와 같다. 일기일회는 얼마 전 모 스님의 책 타이틀로 많이 알려진 내용이지만, 이것을 바로 이해하자면 우리에게 시간도 단 한 번이고, 기회(만남)도 한 번이라는 뜻이다. 이렇게 생각하면 우리에게 주어진 이 시간이 얼마나 소중한 시간인가를 짐작할 수 있을 것이다.

높고 험준한 경계에서 자신을 보라

산지고준처무목 山之高峻處無木

이계곡회환 而谿谷廻環

즉초목총생 則草木叢生

수지단급처무어 水之湍急處無魚

이연담정축 而淵潭停畜

즉어별취집 則魚鼈聚集

차고절지행 此高絶之行

편급지충 便急之衷

군자중유계언 君子重有戒焉

— 채근담(菜根譚)

산이 높고 험준한 곳에는 나무가 없으나,
골짜기가 구비 구비 감도는 곳에는
초목이 무성하니라.
물살이 세고 급한 곳에는 물고기가 없으나,
물이 깊고 고요하면
물고기와 자라들이 모여드느니라.
이처럼 높고 험준하며
급박한 곳에서는

군자가 깊이 경계해야 하느니라.

사람은 뜻은 산처럼 높이 가질지라도 사람과의 관계는 여분이 있어야 한다. 그렇지 못하고 자기의 이상만을 내세운다면 이것은 아만(我慢)이자 아상(我相)이다.

골이 깊고 물이 감돌아야 초목과 나무가 자라는 것이고, 무성하다 함은 속이 깊고 배려할 줄 아는 사람을 말할 수 있다.

물고기가 많이 모여들려면, 물살이 세고 급한 것보다는 적당한 수심과 여러 수초와 적당히 몸을 숨기고 기댈 수 있는 암반이나 돌 등이 있어야 할 것이다. 그래서 주변에 사람들이 많기를 바란다면, 마치 고기가 잘 모여드는 그런 환경을 만들면 될 것이다.

이것은 달리 보면, 높고 급박한 그런 환경에서 어떻게 그것을 극복할 수 있을까를 생각해야 할 것이다. 사람이 살아가는 데 있어서는 수시로 환경의 변함을 알아야 하고, 또 변하는 환경 속에 어떻게 대처해야 하는가를 알아야 한다. 공자는 제자 안연(顔淵) 앞에서 물을 가리키며, "물처럼, 물처럼(水哉水哉)" 하지 않았던가? 부처는 그의 둔한 제자를 깨우치기 위해 비를 손수 들어 보이며 가리켰다 한다.

인생이란 첫째 마음의 문을 열어야 하고, 둘째 마음의 문이 커야 한다는 것이다. 이것이 갖추어지지 않으면 마치 좋은 물건이 있어서 담으려는데 담을 그릇이 준비되지 않은 것과 같다. 이런 사람이 어찌 세상을 알 것이며 세상을 극복해 갈 수 있을까? 그러나 마음 문이 활짝 열려 있고, 그 문마저 크다면 그는 모든 일에 있어 반드시 뜻을 이룰 뿐 아니라 세상에서 필요한 등불과 같은 그런 사람이 될 수 있다.

그런 까닭에 군자는 산을 보며 산을 알고, 물을 보며 물을 안다고 할 수 있어서 군자가 가는 그곳이 산이든 물이든 그것이 그와 함께 동화된다는 것이다. 동화된다는 것은 그가 대하는 모든 경계가 그대로 인생을 배우는 학습장이 되기 때문이다.

노자의 가르침

자견자불명 自見者不明
자시자불창 自是者不彰
자아자무공 自我者無功
자과자부장 自誇者不長

자기를 내세우는 사람 밝게 나타나지 못하고
자기를 옳다고 주장하는 사람 빛날 수 없다.
자기를 자랑하는 사람은 공적이 없어지고
자기를 과시하는 사람 오래 갈 수 없다.

예나 지금이나 사람이 살아가는 것은 별반 다르지 않다. 다르지 않음은 사람은 홀로 존재할 수도 없고 혼자만 세상을 살아갈 수 없다는 것이다. 만약 혼자서 세상을 살아갈 수만 있다면 그는 마음대로 살아도 된다.

세상은 절대로 홀로 존재할 수도 없고 홀로만이 세상을 살 수는 더욱 없다. 그러하기에 세상살이가 힘들고 하는 것이지, 제 혼자 산다면 스스로의 행동 일체가 법이요, 진리다.

그러해서 사람이 세상에 나와서 사람답게 살아야 하는데, 사람답게 살고자 해도 사는 법을 몰라서 잘 살지 못하는 사람도 얼마든지 있다. 가령 남의 물건 훔치지 않았다 해도 그것만 가지고 되는 것이 아니고, 남을 해하지 않았다 할지라도 그것만 가지고 인생을 잘 산다 할 수는 없다.

인생이란 방정식이 없으면서도 방정식이 분명 있고, 있다고 여기는 것은 바다에는 분명히 배가 다니지만 뱃길이라고 줄을 그어 놓은 것은 없다. 하늘도 이와 같다.

노자(老子)의 시대나 오늘 우리가 사는 시대가 무엇이 다르랴. 비행기가 뜨고 안 뜨고 차이일 수는 있겠지만, 그때나 지금이나 사람 사는 것은 매한가지다. 사람은 매일 누군가를 대하게 되는데, 이때 나의 모습은 상대가 보고, 상대의 모습은 내가 보게 된다.

나를 내세우는 것이 나를 밝게 하지 못한다는 것은 나를 대하는 상대가 나를 꺼리기 때문이다. 나를 꺼리지 않을 때 나를 인정하는 것이지, 나를 꺼리면 나는 스스로를 인정받지 못하는 것이 되니, 그것이 결과적으로 나를 밝히지 못하는 것이 된다.

나를 옳다고 내세우기를 좋아하는 사람은 즉, 남을 무시하기 쉽다. 그러므로 남으로부터 경계하는 대상이 되니, 이것 또한 나를 빛나게 할 수 없게 된다.

　나는 어떻다 하며, 스스로 내세우기를 좋아하는 사람은 자기도취에 빠진 만큼 그간에 쌓은 공력이 있다 할지라도 상대는 그를 가벼이 여겨 인정하기를 꺼리므로 해서 이것 또한 공력을 잃게 된다.

　우리는 지나치게 자기 과시에 빠져 있는 사람을 주변에서 볼 수 있는데, 이 또한 남들이 꺼리게 된다. 왜냐하면 사람은 누구나 완벽해 보일지라도 완벽하게 살아갈 수는 없다. 그래서 어느 날 과시하던 모습에서 약한 모습이 드러나면 그것으로 인해 그의 과시는 오래 가지 못하고 오히려 초라해진다.

　노자는 자연의 순리를 사랑하는 사람이다. 순리란 인위적인 것을 요구하지 않는, 오직 무위자연(無爲自然)이야말로 가장 순수하고 바른 길임을 강조하고 있음을 알 수 있다.

부끄럼

심불부인 心不負人

면무참색 面無慙色

마음으로 사람을 대하매 짐이 되지 않으면
얼굴에 부끄러운 기색이 없다.

사람을 대할 때 짐이 되지 않는다 함은, 사람을 대할 때에 가식 없이 진심으로 대한다는 뜻이다. 이 말을 달리 표현하면 '거리낌 없이 사람을 대할 때 그는 부끄럼이 없다.' 라고 할 수 있다. 그런 사람은 얼굴에 부끄러울 것이 없을 것이고, 부끄럼이 없다는 것은 당당한 기색(빛깔)이 얼굴로 나타나서 대하는 사람으로 하여금 알 수 있게 한다.

인간이 한 평생 산다는 것이 길게 사는 것처럼 말을 할 수도 있겠지만 수양하는 사람들은 그런 표현보다는 한 시절 정도 표현하는가 하면 어느 때는 '잠시', '잠깐' 정도로 표현하는 경우도 있다. 양산 통도사 경봉(鏡峰) 스님은 '잠시 쉬어 가는 세상' 이라 한다. 이렇게 잠시 쉬어 가는 세상을 '멋지게 연극을 한 번 하고 가라.' 는 가르침을 주곤 하였다.

잠시 쉬어 가는 세상이 되었든, 오래 사는 세상이든, 이것을 중요하게 여기지는 않겠다. 오랜 시간을 말하는 것도, 짧은 시간으로 여기는 것도, 다 그들의 마음이고 관념에 지나지 않는다. 어떻게 사는가? 이것이 중요하다. 어차피 인생이란 '봄날의 꿈같은 것', 다만 꿈을 길게 꾸느냐, 짧게 꾸느냐의 차이일 뿐이다.

사바세계를 부끄럼 없이 살아가기란 쉽지 않다. 늘 자신을 되돌아보고 또 돌아보고 해도 늘 부족하고 부끄럽고 안타까울 뿐이다. 특히 국민을 위한다는 명분으로 국민! 국민! 외치는 사람들이 부끄러운 일을 많이 만든다. "나는 그렇게 살지 않았다."는 등의 말을 하면서 말이다.

어떻게 사는 것이 부끄럽지 않게 사는가를 늘 생각한다면 부끄러움이 적은 인생을 살 수 있을 것이다. 예전에 운제산(雲梯山) 자장암(慈藏庵)에서 머물 때 어느 신도가 나에게 들려준 이야기이다. 한때 그곳에 살았던 설호(雪湖) 스님에 관한 이야기인데, 그분은 당대의 뛰어난 강백(講伯)이었다고 한다. 자세한 고증을 얻지는 못했지만 당시 들은 내용은 이렇다.

스님께서는 백일기도를 하였는데, 그때 스님의 연세는 상당히 높은 편이었다. 그런 노스님이 지난 과거에 살아 있는 큰 잉어 두 마리를 약으로 먹었고, 그것이 마음에 부끄럼이 되어 그 부끄럼을 없애기 위해 백일기도를 하였다. 스님이 백일기도를 마치고는 당신이 거처하는 방문에 문을 열 수 없도록 한지에 낙관을 찍어 붙이고는 홀연히 사라졌다. 어느 날, 대구에 사는 사람이 하루는 꿈을 꾸었더니, 수성못 속에 법당이 보이고 그곳에 스님 한 분이 앉아 있었다. 이상히 여긴 그가 날이 밝자 못 속을 들여다보니 꿈에 본 대로 스님이 앉아 있었다. 바로 설호 스님이었다.

우리들의 삶을 되돌아보자. 한 노스님이 약으로 살아 있는 큰 잉어 두 마리 드신 것이 그렇게 마음에 부끄럼을 느껴 참회하는 마음으로 기도를 하고, 나아가 잉어에게 자신의 몸을 보시하겠다고 물속에 들었다는 생각을 해본다면 우리들은 얼마나 부끄러운 삶을 살고 있는가, 하는 생각을 하게 된다. 물론 일반인과 스님은 다르다면 다를 수 있겠지만 생명의 소중함이 어찌 종교에서만 논할 수 있단 말인가?

머문 바 없는 마음을 내라

응무소주이생기심 應無所住而生其心
― 금강경(金剛經)

머문 바 없는 마음을 내라.

사람은 참으로 영리하다. 영리하다는 것은 생각할 줄 안다는 뜻으로도 이해할 수 있는데, 그렇다면 사람이 아닌 동물은 어떨까?

오늘날 과학적인 검증과 실험에 의하면 다 제각기 생각을 일으킨다고 볼 수 있는데, 물론 머리냐 감성이냐를 나누기도 한다. 두뇌를 쓰든 감성적이든 본바탕은 생각한다는 것이다. 생각하지 못한다면 IQ다 EQ다 할 것도 없다.

생각한다는 것은 분명 대단하다. 그리고 앞으로 나아갈 수 있다. 하지만 생각이라는 것이 반드시 건전하고 진취적이지만은 않다는 것이다. 한 생각을 어떻게 일으키느냐에 따라 앞으로 나아갈 것인가, 물러날 것인가, 나락으로 떨어질 것인가, 하기 때문에 이 한 생각이야말로 중요하다 않을 수 없다.

선가(禪家)에서는, "한 생각 일으키기 전으로 돌아가라."고 한다. 여기서 한 생각은 참되지 못해서 한 생각 일으키는 그 순간이 바로 번뇌요, 분별이요, 지옥이라고 여기기 때문이다.

'머문 바 없는 마음을 내라(應無所住而生其心).' 이 말은 금강경에서도 그 핵심을 이해한 4구의 하나로 본질은 보시(布施)다. 보시란 베푸는 것으로 베풀되 베푼다는 생각을 하지 않아야 한다.

그러나 많은 사람들 가운데 과연 아무런 생각 없이, 즉 일체의 분별이 끊어진, 그야말로 주어도 줬다는 생각 없이 보시하는 사람이 얼마나 될까? 금강경에서는 보시 사상이 핵을 이루는데, "수보리야, 너의 생각은 어떤가? 만약 보살이 보시를 행할 때, 아상 인상 중생상 수자상(我相 人相 衆生相 壽者相)이 있다면 보살이 아니다."라고 했다.

그러므로 마음을 쓰되 그 마음이 아무런 거리낌이 없는 마음이 진정 참 마음이요, 머문 바 없는 마음이 될 것이다.

마음이란 본래 자성(自性)도 없어서 대립도 없으며, 유무를 떠났으며, 이것이다 저것이다 분별하기는 더더욱 어렵다.
그래서 ≪심지장경(心地藏經)≫에, "마음은 본래 형상이 없고 머무는 곳이 없기에 온갖 여래들께서도 이를 보지 못했거든 항차 그밖에 사람들이 마음을 볼 수 있을까 보냐?" 하였다.

이렇듯 마음이란 늘 나와 함께 하면서도 그 실체를 알 수 없어서 마음을 다스리기는 참으로 어렵기 때문에 불가에서는 '마음을 다스려라.' 하는 것보다는 '쉬어라.' 는 말을 하게 되는데 이것이 '사미(沙彌. Śrāmanera)' 라 해서 처음 절간에 들어온 기초 수행자가 부여받는 용어가 된다.

이에 대해 야부(冶父) 스님의 ≪금강경오가해(金剛經五家解)≫〈오도송(悟道頌)〉이 걸작이다.

산당정야좌무언 山堂靜夜坐無言
적적요요본자연 寂寂寥寥本自然
하사서풍동림야 何事西風動林野
일성한안여장천 一聲寒雁淚長天

고요한 밤 산당에 말없이 앉았으니
고요하고 고요함이 본래 그대로다.
무슨 일이 있어 서풍이 숲을 움직이나
찬 기러기 나르는 외마디 소리 장천에 울리네.

여기 이 게송은 야부 스님의 너무도 유명한 게송이자 그의 오도송이라 여겨, 감히 대선사(大禪師)의 송에 대구(對句)를 붙여 본다.

본무산당좌절언 本無山堂坐絕言

적적요요불가부 寂寂寥寥不可否

서래옹무적거래 西來翁無跡去來

하한안하루장천 何寒雁何淚長天

본래 산당도 없고 언어 끊어진 자리거늘
고요하다, 고요하다 할 것 없어라.
서쪽 늙은이 왔다지만 오간 자취 없는데
어찌하여 찬 기러기며, 무슨 장천을 울린다 하랴.

* 야부 도천(冶父道川) 스님 : 생몰 연대가 뚜렷하지 않다. 다만 송나라(1127~?) 사람으로 추정할 뿐이다. 성은 추(秋)씨, 이름은 삼(三)이다. 군의 집방직에 있다가 재동의 도겸(道謙) 선사로부터 도천(道川)이라는 호를 받았다. 정인 계성(淨因繼成)의 인가를 받아 임제의 6세손이 된다.

평상심이 도다

平常心是道

— 마조(馬祖)

평상심이 도다.

어느 날 마조 도일(馬祖道一. 709~708) 화상이 법상(法床)에서 하신 말씀이다. 그의 제자 남전 보원(南泉普願)이 스승의 말을 많이 쓰게 되었고 이것이 오늘날 한국 선불교의 가르침에도 많이 인용하는 글이 되었다.

선이 무엇이냐? 물어 오면 여러 가지 대구(對句)로 표현할 수는 있겠지만, 선이란 결코 특별하거나 특별한 사람이 사용하는 용어는 아니다. 다만 이 용어가 불가에서, 특히 선가에서 많이 쓰고 있다는 것뿐이지, 전혀 새로운 발상이거나 특이한 훈련이나 습득의 과정을 거쳐야 하는 것은 더더욱 아니다.

밥을 먹는 것이 일상이라면 선을 수행하는 사람은 선이 일상이 되겠지만, 이 용어의 본뜻은 선이란 결코 일상을 떠난 것이 아니라는 것에

착안해야 한다.

우리나라 불교의 중흥조라 여기는 태고 보우(太古普愚) 스님의 어록을 접하다 보면, "수행자는 배가 고프면 배불리 먹고, 곤하면 두 다리 쭉 뻗고 자라."는 말씀을 하신다.

이뿐만 아니라 ≪금강경오가해≫의 야부(冶父) 스님 게송에 '밥이 오면 밥을 먹고, 잠이 오면 잠자라(飯來開口 睡來合眼).'는 뜻을 이해한다면 이것 또한 '우리의 일상이 선이요, 선이 일상이다.'라는 것과 다르지 않음을 알 수 있다.

결과적으로 '선과 농사가 하나다(禪農一致).'와 '차와 선이 둘이 아니다(茶禪不二).'라고 외치는 그런 것이 일상생활을 떠나서 선이 존재한다 할 수 없다는 것이다.

그렇다면 모든 것이 선 아님이 없는데 무엇 때문에 선을 하느냐 마느냐 하겠는가? 반문할 수 있다. 선을 우선 바로 이해하려면 선은 번뇌에 혼미해진 정신을 가다듬는 순수 정신 집중의 하나로 마음을 고요하게 하는 역할을 한다는 것으로, 그렇게 하자면 맑은 정신을 가져야 할 것이고, 맑은 정신을 가지기 위해서는 '화두(話頭)를 들어, 놓지 않기를 늘 일상이 되어야 한다.' 이것이 한국 불교가 지향하는 소위 '간화선(看話禪)'이다.

그렇지만 선을 행하고 받아들이는 것이 꼭 이렇게 해야만 한다는 것은 맞지 않다고 본다. 부처님 당시에는 명상이라는 것이 발달되었고, 모든 인간의 이상과 지향점은 명상에서 가능하기에 죽어서 하늘나라에 태어나는 것까지 그런 명상을 통해 얻으려 했다면 이것이 점차로 역사의 흐름을 타고 중국에 도달해 보니, 중국은 기후 자연의 모든 환경이 인도와는 달랐고, 특히 정신문화에 있어서는 인도가 문자와 논리보다는 명상을 모든 것에 우선했다면, 중국은 이미 문자를 통한 논리가 엄청 발달해 있었다. 그 반증이 제자백가(諸子百家)라 할 수 있는데, 여기서 공자(孔子)의 윤리가 나오고 도가(道家)의 자연주의 철학도 번성하게 되었다.

이러한 시간과 공간의 흐름, 변천, 그리고 지형학적인 문화의 이질감 등의 것들이 인도 불교에서 중국적 불교로 융화되었고, 인도의 명상이 중국적인 용어 '선'이라는 명제로 중국의 문화에 편승되어 오늘날 우리나라에서 보편적으로 받아들이고 이해하는 불교의 선이 되었다.

분명한 것은, 선을 단순히 앉아서 눈을 지그시 감듯 하는 이러한 형태를 보면서 저것이 선하는 것이다, 여긴다면 선은 십만 팔천 리 달아난 꼴밖에 아무것도 아니다.

적어도 선을 한다면 선을 향해 얻을 것이 있어야 하고, 그렇게 되기 위해서는 맑은 정신을 도모해야 하는데, 맑은 정신을 도모하자면 마치 큰 그릇을 깨끗하게 비워 놓듯 해야 한다는 것이다.

  그릇을 깨끗이 비워 둔다는 것은 큰 정원에 온갖 꽃과, 그리고 꽃을 장엄할 수 있는 잡초며 돌들을 갖출 수 있는 것과 같은 것이다.

사계(四季)

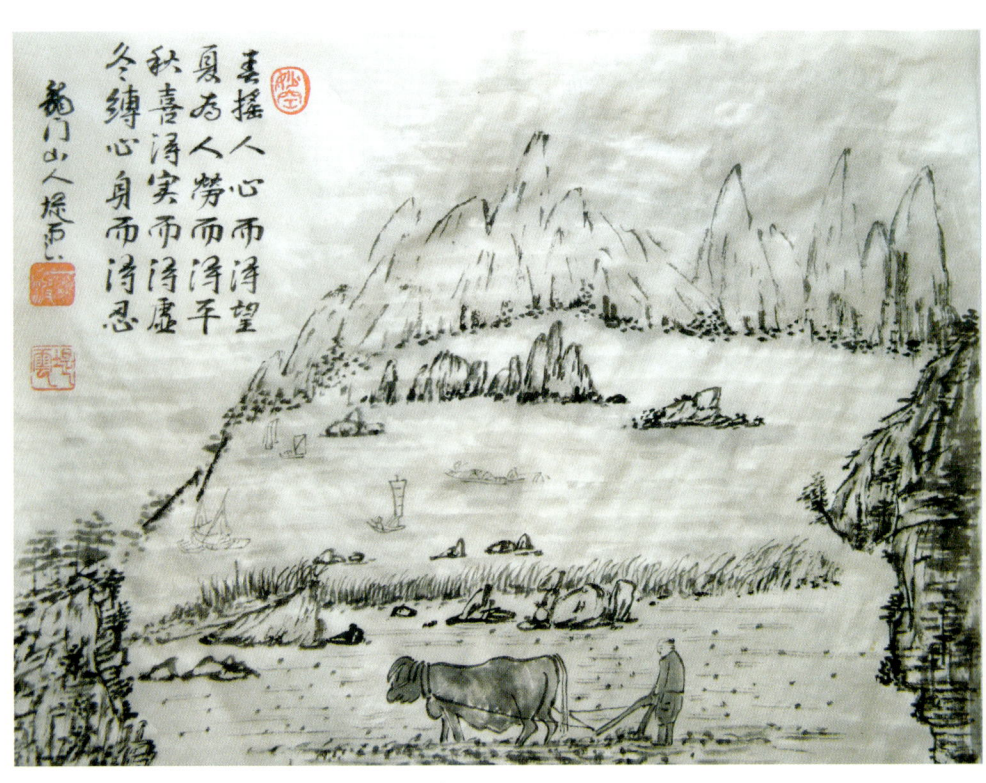

춘요인심이득망 春搖人心而得望
하위인노이득평 夏爲人勞而得平
추희득실이득허 秋喜得實而得虛
동박심신이득인 冬博心身而得忍

봄은 사람의 마음을 흔들기도 하지만 또한 희망을 준다.
여름은 사람을 힘들게 하지만 또한 평안함을 준다.
가을은 결실의 기쁨도 주지만 공허함도 따른다.
겨울은 몸과 마음을 구속하지만 인내를 얻게 한다.

자연의 모습을 잘 보여 주는 것이 계절이 아닐까 한다. 계절은 계절마다 특징이 있으나 나름대로 좋고 나쁨이 있을 수 있다. 다만 아무리 좋은 음식도 자주 먹으면 식상한다 하지 않던가? 우리들이 늘 마시고 들이키는 공기와 물을 그렇게 감사하다는 생각은 하지 못한다. 그것은 늘 우리와 함께 하기 때문이다.

전에 방영된 드라마에 '있을 때 잘해!' 라는 대사가 나온 적이 있다. 우리의 삶이 늘 그렇다. 늘 가까이 하면서 좋은 줄 모른다. 늘 가까이

해도 좋은 줄 알려면 시간이 많이 필요하다. 부모가 해주는 밥이 맛이 없다고 투덜대며 생활을 하다 어느 날 집 떠나 보면 '그때가 좋았지!' 하는 생각을 할 수 있다. 우리가 잘 아는 제5 공화국의 소위 정치군인들이 높은 별을 달거나 달려고 준비하는 과정에 있다가 그것으로 만족할 수 없어서 '더 큰 것이 없을까', '더 만족할 수 있는 것이 무얼까' 생각하다 쿠데타를 일으키고 정치인이 된다. 그들도 처음에는 '정치는 정치가에게, 군인은 군인의 길로'라는 슬로건을 걸었다. 하지만 그들이 이미 현재에 주어진 그들의 가치에 만족할 수 없어서 일으킨 거사니만큼 그들이 말하는 슬로건 등은 그들 나름의 변명에 지나지 않는다.

그러던 그들이 시간이 지나고 나서야 '그때가 좋았지!'라는 아쉬움 섞인 감탄사를 연발한다. 인간은 끝없는 욕망의 산물인지라 욕망은 욕망을 부르고, 피는 피를 부르게 된다. 이것이 인간이라면 인간이다. 무엇이 인간을 타락하게 하고, 무엇이 인간을 후회하게 하며, 무엇이 인간을 스스로 얽어, 고통의 바다에서 헤엄을 쳐야 하는지, 인간이란 영리하면서도 그 영리함이 스스로를 얽어매어 삶을 힘들게 하는 것일까?

다행히도 우리나라는 사계절이 뚜렷하여, 한 계절 부족하면 다음 계절을 기약하면서 살아갈 수 있어 좋다. 생각해 보라, 밤과 낮이 수 개월씩 이어지는 북극이나 남극 같은 곳에서 사는 사람은 얼마나 불행한가. 우리는 좋은 환경에서만 살다 보니 진정 좋은 줄을 모른다. 스님들도 참선 공부를 하려면 여기저기 옮기면서 선방(禪房)을 다니는데, 여름에는 북방이라 해서 추운 지방의 선방에서 나고, 겨울에는 반대로 따뜻한 남쪽 지방으로 가서 한 철 공부를 한다.

불교 미술의 보고라 할 수 있는 둔황 석굴이 1907년 헝가리 출신인 영국의 고고학자 오렐 스타인(Marc Aurel Stein)과 다음해 프랑스의 폴 펠리오(Paul Pelliot)에 의해 밝혀졌는데 그곳에는 1,000여 개의 동굴이 있고 그중에서도 불상이나 벽화가 있는 동굴은 469개에 달한다. 이곳에는 주로 아미타불 그림이 많았는데 그것은 동진(東晋) 시대 366년부터 원나라까지 약 1,000여 년의 시간을 두고 그 지역 사람들이 그렸던 것이다.

다만 이 이야기는 그곳이 인도의 불교가 중국으로 가는 길목에 있다는 사실을 주목하며, 당시 시대상을 보자면 늘 전쟁에서 벗어날 수 없는 그런 시절에 기록되고 그려졌다는 사실이다. 당시 그곳에서 생활하는 민초들의 삶이 얼마나 힘들고 고단했던가를 가히 짐작하게 하는 것이 그곳 벽화에 고스란히 그려졌고 기록으로 남았다는 것이다. 당시를 회상하자면 척박한 땅에서 살아가기도 힘들었겠지만 전쟁은 늘 끝없이 이어졌다.

전쟁이 나면 제일 먼저 백성들은 호미를 버리고 창이나 칼을 들어야 했다. 칼을 들면 누군가를 죽여야 했고, 그리고 전쟁을 치르는 그곳에서 벗어날 수 없다는 것이다. 한 번 전쟁에 참여하면 가고 오는 것까지를 감안하면 짧아야 2년, 3년이다. 그들의 그림에서 알 수 있듯, "아미타 부처님이시여, 다음 생에는 전쟁이 없는 나라에 태어나게 하여 주시고, 처자와 떨어지지 않는 세상, 처자식 굶겨 죽이는 일이 없는 그런 세상에 태어나 살게 하여 주십시오."라는 간절한 발원과, "눈물은 흘러 둥근 접시가 됩니다.……" 하는 것을 보더라도 그들의 삶이 얼마나 힘들고 고단한가를 짐작할 수 있을 것이다.

그러므로 사계절이 있는 곳에서 산다는 것은 진정 행복이 아닐 수 없다. 다만 계절을 새로 맞아도 계절을 모르고 살아가는 사람도 있을 수 있는데, 계절은 분명 도래해야 하고 도래한 계절을 마음껏 받아들여야 한다. 하지만 우리의 속담에, "신선 노름에 도끼 자루 썩는 줄 모른다."는 말이 있듯이 그것을 공유하고 즐기되, 헛되게 그냥 물 흘려보내듯 보내지 말라는 것이다. 왜냐하면 봄이 오는 것이 희망만을 안겨 주는 것이 아니기 때문이고, 봄이 돌아오는 것도 나를 데려가기 위해서일 수도 있기 때문이다. 시간은 곧 무상살귀(無常殺鬼)와 같아서 생각, 생각이 멈추지 않고, 우리의 명을 재촉하기 때문이다.

삶에 있어서

　사람이 살아가는 방법은 대동소이하면서도 각기 다른 삶을 산다고 볼 수 있는데, 특히 한 시대의 시대상과 그 시대의 사상가나 위정자들에 따라서 개인의 삶도 달라진다.

　노장(老莊)의 시대는 무위자연(無爲自然)으로 자연에 순응하면서 살면 될 것이고, 공자의 시대는 살신성인(殺身成仁)이라 해서 무한히 인(仁)을 내세웠다면 맹자는 사생취의(捨生取義)를 주창했다. 공자의 '인(仁)'이 무한한 사랑이라면, 맹자의 '의(義)'는 하늘의 올바른 도리를 지키는 것이 될 것이다.

　이렇게 한 시대의 선각자나 위정자에 의해 그 시대의 삶의 각도가 변할 수 있는데, 인간은 생존하기 위해서 사는 것도 삶이요, 생활의 아름답고 즐거움을 얻기 위해 사는 것도 삶이다.

　중국의 달마대사가 9년간 면벽(面壁)한 것은 우연한 것이 아니다. 당시 중국의 시대상은 문리주의(文理主義)에 푹 빠져 있었는데, 그 예로 제자백가(諸子百家)가 남긴 도가(道家)의 격외 도리(格外道理)와 같은 그런 흐름에 인도 불교의 경전이 많이 들어왔고, 그런 경전들이 인도의 사상이나 부처의 사상과 다른 중국적 사상이라 할 수 있는 문자주의에 치우쳐 있음을 알고 그것을 타파하려는 마음에서 9년이라는 긴 세월을 묵언(默言)으로 관심 면벽(觀心面壁)하였던 것이다.

어떤 사람은 학자가 되기를 바라고, 어떤 사람은 위정자(爲政者)의 길을 바라고 어떤, 사람은 경제인이 되길 바라고, 어떤 사람은 수양인(修養人)의 길을 택하는 등 인간에 있어서 삶은 그 시대의 환경에 따라 각기 다르다.

삶의 방향이 그만큼 많다는 것은 병에 따라 약이 많다는 것과 같은 것이다. 이 말을 다시 부언하면 약이 많은 만큼 병이 많다는 뜻으로도 이해되는데, 이것은 인간이 살아가는 길의 험난함도 많다고 볼 수 있어서, 도와 진리를 얻기 위해 산을 찾고 물을 건너고 하는 것도 결국 자기 삶의 방향을 찾는 것에 기인하는 것이 된다.

인간은 누구나 행복을 바라는데, 그 행복이라는 것이 항상(恒常)하지 못하다. 만약 그것이 항상하다면 그에게는 '도'라는 것도 '진리'라는 것도 필요하지 않으며, 따라서 구하려 애쓸 필요도 없다. 행복, 그것이 바로 도요, 진리요, 생명이니까.

부처님께서는 사바세계를, "불붙는 집(火宅)과 같다."라고 비유하셨다. "일체가 다 고다(一體皆苦)."라는 말씀도 하셨다. 이 말은 사바세계는 서로 다투고, 경쟁하고, 병들고 하는 이런 것들이 모두가 고통이요, 번

민이기에 이것을 극복하며 살아야 하는데 그것이 인욕(忍辱)이다. 즉 참고 살라는 뜻이다.

칸트는 인간이 즐겁게 살기 위해서, "근로에 의해 시간을 충당하는 것이 생활을 유리하게 하고 또 만족을 얻는 확실하고도 유일한 방법이다."라고 했는데, 쇼펜하우어는 삶에 대해서, "모든 불행과 괴로움에 대한 가장 효과적인 것은 자기보다 더욱 비참한 자들을 바라보는 일이다. 이것은 누구에게나 가능한 방법이다. 백정이 눈독을 들이고 있는 줄도 모르고 목장에서 유유히 뛰노는 양 떼를 보라." 했다.

석존(釋尊)을 출가 이전으로 본다면, 그는 한 나라의 왕위를 계승할 왕자였다. 그러나 그는 당시 출가를 결심하고 부귀영화를 다 버린다. 만약 당시 그가 출가하지 않았다면 어떻게 될까? 객관적으로 볼 때 왕자의 자리가 행복하게 보일 순 있겠으나, 그는 출가를 함으로 해서 자기의 진정한 삶을 얻을 수 있었다.

오늘날 출가한 스님들을 보면서, "왜 출가 했느냐?"고 묻는다. 그러나 출가는 누구의 요구 조건에 의하여 하는 것이 아니라 오직 스스로만이 판단하고 행하였을 뿐이다.

부처님께서 법구경(法句經)에 이르시길,

자기의 마음을 스승으로 삼아라. 남을 따라 스승 하지 말라.
자기를 잘 닦아 스승으로 삼으면, 능히 얻기 어려운 스승을 얻나니.

이것은 스스로의 선택하는 마음을 잘 설하신 것으로서 임종에 다다라 마지막 설법에서 제자 아란(阿蘭)에게, "아란아, 자신을 등명(燈明)으로 삼고, 자기를 의지하되 남을 의지하지 말라. 법을 등불로 삼고 의지하되 남을 의지하지 않도록 하라(自燈明 法燈明. 남전대장경)."고 하신 이런 말씀을 보면, 우리가 살아가는 인생도 이와 무엇이 다르겠는가?

나를 찾아 떠나는 선시 여행

초판 1쇄 발행 2010년 10월 15일

지은이 | 제운 스님
펴낸이 | 이의성
펴낸곳 | 지혜의나무
등록번호 | 제1-2492호
주소 | 서울시 종로구 관훈동 198-16 남도빌딩 3층
전화 | (02)730-2211 팩스 | (02)730-2210

ⓒ지혜의나무

ISBN 978-89-89182-58-0 03220

* 잘못된 책은 바꾸어 드립니다.